신자의 간구

설교자하우스 메시지 02 **주기도문 강해**
신자의 간구

| 초판 1쇄 | 2016년 1월 18일 |
| 2쇄 | 2016년 3월 31일 |

지은이	정창균
펴낸이	황대연
발행처	설교자하우스
주소	경기도 수원시 영통구 봉영로 1569, 506호(영통동, 뉴월드프라자)
전화	070. 8267. 2928
전자우편	1234@naver.com
등록	2014. 8. 6.

ISBN 979-11-955384-1-6 93230
값 10,000원

ⓒ 정창균 2016

이 도서의 국립중앙도서관 출판예정도서목록(CIP)은 서지정보유통지원시스템 홈페이지(http://seoji.nl.go.kr)와 국가자료공동목록시스템(http://www.nl.go.kr/kolisnet)에서 이용하실 수 있습니다.(CIP제어번호: CIP2016000376)

설교자하우스 메시지 02
주기도문 강해

신자의 간구

—

정창균 지음

그러므로 너희는 이렇게 기도하라

하늘에 계신 우리 아버지여
이름이 거룩히 여김을 받으시오며
나라가 임하시오며
뜻이 하늘에서 이루어진 것 같이 땅에서도 이루어지이다

오늘 우리에게 일용할 양식을 주시옵고
우리가 우리에게 죄 지은 자를 사하여 준 것 같이
우리 죄를 사하여 주시옵고
우리를 시험에 들게 하지 마시옵고
다만 악에서 구하시옵소서

나라와 권세와 영광이 아버지께 영원히 있사옵나이다

아멘

서문

예수님이 가르치신 기도

아주 오래 전에, 주기도문을 백번 외우면 마음이 편해진다는 분을 만난 적이 있습니다. 물론 그럴 수 있습니다. 하나님께서는 그런 식으로 사람에게 은혜를 베푸실 수 있습니다. 그러나 같은 말을 계속 반복하였더니 심리적으로 안정감을 찾고 마음이 편안해지는 것을 위해서 주기도문을 사용하는 것이라면 그것은 주기도문을 크게 잘못 사용하고 있는 것입니다.

주기도문은 염불이 아닙니다. 심리 치료를 위한 자기 최면도 아닙니다. 우리가 주기도문을 그런 생각을 갖고 그렇게 사용한다면 그것은 기도를 가르쳐 주셨던 주님의 마음을 크게 곡해한 것입니다. 사실 주님께서 기도를 가르쳐 주신 결정적인 이유도 기도라는 외형을 취하면서 실제로는 기도를 기도가 아닌 것으로 왜곡하는 그 당시 바리새인과 이방인들 때문이었습니다. 유사 기도행위로 참 기도를 왜곡하는 것을 막기 위하여 주님은 기도를 가르쳐 주셨습니다. 그런데 주님이 가르쳐 주신 그 기도를 사용하여 다시 기도를 왜곡할 위험에 우리는 노출되어 있습니다.

주님이 기도를 가르쳐 주신 것은 그 문장들을 외워서 염불처럼 암송하라고 하신 것이 아닙니다. 이 기도를 통하여 그 내용을 고백하고, 소원하고, 결단하여 살라고 주셨습니다. 암송용이 아니라, 하나님의 자녀 된 신자의 생활용으로 주신 것입니다. 우루과이의 한 교회 벽에는 어느 무명인의 다음과 같은 글이 새겨져 있다는 말을 들은 적이 있습니다.

"하늘에 계신" 하지 말아라, 세상 일에만 빠져있으면서. "우리" 하지 말아라, 너 혼자만 생각하며 살아가면서. "아버지" 하지 말아라, 내 아들 딸로 살지 않으면서. "아버지 이름이 거룩히 여김을 받으시오며" 하지 말아라, 자기 이름을 빛내기 위해 안간 힘을 쓰면서. "아버지 나라가 임하시오며" 하지 말아라, 물질 만능의 나라가 임하기를 원하면서. "아버지의 뜻이 하늘에서 이루어진 것 같이 땅에서도 이루어지소서" 하지 말아라, 네 뜻대로 되기만을 기도하면서. "오늘 날 우리에게 일용할 양식을 주시옵고" 하지 말아라, 가난한 이들을 본체만체 하면서. "우리에게 죄지은 자를 사하여 준 것 같이 우리 죄를 사하여주시옵고" 하지 말아라, 죄지을 기회만을 찾아다니면서. "다만 악에서 구하시옵소서" 하지 말아라, 악을 보고도 아무런 양심의 소리를 듣지 않으면서. "아멘" 하지 말아라, 주님의 기도를 진정 너의 기도로 바치지 않으면서.

그 사람은 기도를 가르쳐주신 주님의 마음과 의도를 제대로 파악한 것이 틀림없습니다. 그러나 신자들의 삶의 현장에서 그 기도는 단순히 말로만 끝나버리는 현실에 대하여 안타깝고 답답한 마음을 이렇게 표현했을 것입니다. 다소 냉소적이기는 하지만, 평생 동안 셀 수 없이 주기도문을 습관처럼 외워대고 그것이 전부인 신자로 살기 쉬운 우리에게도 은근히 매서운 도전을 던지고 있습니다.

주기도문의 간구들을 하나씩 하나씩 살펴보며 그 의미가 무엇이고, 함축된 의도가 무엇이며, 보장된 복이 무엇인가를 확인해보고 그것을 신자 된 우리의 삶으로 연결하고자 하는 것이 이 강해의 목적입니다. 이 책을 교재로 삼아 스스로 혹은 그룹으로 주기도문을 공부하고자 하는 이들이 생각과 대화의 실마리를 풀어갈 수 있도록 각 강해마다 질문을 세 개씩 붙여놓았습니다. 이 작은 책이 주님이 우리에게 가르쳐주신 기도를 바르게 이해하고 삶으로 실천하는 데 도움이 되기를 기대합니다.

합동신학대학원대학교 연구실에서
정창균

차례

1. 기도를 가르치시는 이유 … 11

2. 하늘에 계신 우리 아버지여 … 35

3. 아버지의 이름이 거룩히 여김을 받으소서 … 53

4. 아버지의 나라가 임하소서 … 71

5. 아버지의 뜻을 이루소서 … 85

6. 우리에게 일용할 양식을 주소서 … 105

7. 우리의 죄를 사하소서(1) … 121

8. 우리의 죄를 사하소서(2) … 135

9. 우리를 시험에 들게 하지 마소서 … 151

10. 우리를 악에서 구하소서 … 169

11. 영원한 찬송 … 187

12. 아 멘 … 203

신자의 간구

01

기도를
가르치시는
이유

-
-
-

5 또 너희는 기도할 때에 외식하는 자와 같이 하지 말라 그들은 사람에게 보이려고 회당과 큰 거리 어귀에 서서 기도하기를 좋아하느니라 내가 진실로 너희에게 이르노니 그들은 자기 상을 이미 받았느니라

6 너는 기도할 때에 네 골방에 들어가 문을 닫고 은밀한 중에 계신 네 아버지께 기도하라 은밀한 중에 보시는 네 아버지께서 갚으시리라

7 또 기도할 때에 이방인과 같이 중언부언하지 말라 그들은 말을 많이 하여야 들으실 줄 생각하느니라

8 그러므로 그들을 본받지 말라 구하기 전에 너희에게 있어야 할 것을 하나님 너희 아버지께서 아시느니라

9 그러므로 너희는 이렇게 기도하라 하늘에 계신 우리 아버지여 이름이 거룩히 여김을 받으시오며

10 나라가 임하시오며 뜻이 하늘에서 이루어진 것 같이 땅에서도 이루어지이다

11 오늘 우리에게 일용할 양식을 주시옵고

12 우리가 우리에게 죄 지은 자를 사하여 준 것 같이 우리 죄를 사하여 주시옵고

13 우리를 시험에 들게 하지 마시옵고 다만 악에서 구하시옵소서 (나라와 권세와 영광이 아버지께 영원히 있사옵나이다 아멘)

마태복음 6: 5-13

이해할 수 없는 가르침

주님께서 이렇게 말씀하십니다. "그러므로 너희는 이렇게 기도하라." 본문 9절의 말씀입니다. 기도를 많이 하라거나, 기도를 열심히 하라는 말씀이 아닙니다. 주님은 기도를 어떻게 할 것인가를 가르치고 있습니다. 주님께서 제자들에게 어떻게 기도할 것인가를 가르쳐 준다는 것은 사실 매우 이상한 일입니다. 주님께서 제자들에게 "너희는 기도를 해야만 한다"고 하시거나 혹은 "기도 열심히 해야 돼", "기도를 더 많이 해라" 같은 말씀을 하셨다면 그것은 이해가 갑니다. 기도하라는 말씀이니까요. 그러나 "너희는 기도를 이렇게 하라" 하시면서, 기도하는 방법을 가르쳐 주신다는 것은 아주 이상한 일입니다. 예수님이 지금 이방인들을 모아 놓고 기도를 가르치는 것이 아닙니다. 예수님을 따라 나선 제자들에게 가르치고 있습니다. 이 제자들은 다 유대인들입니다. 유대인들을 앉혀 놓고 기도라는 것은 이런 것이다, 기도라는 것은 이렇게 해야 된다, 하고 가르친다는 것은 자연스러운 일이 아닙니다. 사실은 매우 이상한 일입니다. 예를 들어서 한국 사람인 제가 여러분을 모셔 놓고 김치란 이렇게 먹는 것입니다 하고 가르치거나, 젓가락을 들고 젓가락질이란 이렇게

: 13 기도를 가르치시는 이유

하는 것입니다 하고 가르쳐준다면 어떻겠습니까? 우리를 어떻게 보고 그러는 거야? 우리를 아프리카 사람으로 아나, 미국 사람으로 아나, 그러시지 않겠어요? 그러나 예수님은 제자들에게 단순히 기도하는 방법을 가르치려는 것이 아니었습니다. 사실은 기도란 무엇인가를 가르치시고자 한 것입니다. 예수님의 의도가 이것이었다는 사실은 이렇게 말씀하신 마태복음 6장 1절부터 시작되는 본문의 문맥을 살펴보면 금방 드러납니다.

기도에 익숙한 유대인들

유대인들은 기도에 대해서 너무나 잘 알고 있습니다. 자기들의 역사에 기라성 같은 기도의 영웅들을 줄줄이 꿰고 있는 사람들입니다. 아브라함의 소돔과 고모라를 위한 기도부터 시작해서 얍복강 가의 야곱의 기도, 모세의 40일 금식기도, 한나의 기도, 미스바의 사무엘의 기도, 다윗의 그 많은 기도와 엘리야의 기도, 히스기야 왕의 기도, 시편 기자들의 그 다양한 기도, 바벨론 궁전의 다니엘 등등 셀 수 없는 기도의 영웅들을 갖고 있는 사람들입니다. 그리고 이미 그 기도의 전통에 서 있는 사람들입니다. 예수님 당시의 유대인들은 매일 하루에 세 번씩 회당에 나가서 기도하는 사람들입니다. 제 삼시 기도와 제 육시 기도, 그리고 제 구시 기도입니다. 오늘날로 말하면 아침 아홉 시에 나가서 기도하고, 정오에 나가서 기도하고, 오후 세시에 나가서 기도하는 사람들입니다. 그런데 이 사람들에게 기도를 이렇게 하라 하고, 기도에 대해서 가르쳐 준다는 것이 자연스러운 일이 아니라 말입니다.

기도를 가르쳐 달라는 요청

마태복음 6장에는 기도는 이런 식으로 하라 하고 예수님이 먼저 가르치지만, 누가복음 11장에 가면 기도를 가르쳐 달라고 제자들이 요청을 합니다. 누가복음 11장 1절을 보십시오. "예수께서 한 곳에서 기도하시고 마치시매 제자 중 하나가 여짜오되 주여 요한이 자기 제자들에게 기도를 가르친 것 같이 우리에게도 가르쳐 주옵소서." 그리고 나서 2절 이하에 보면 오늘 우리가 보는 주님이 가르쳐 주신 기도가 나오는 거예요. 이것도 이상한 일이지요. 오랜 기도의 전통에 서 있는 사람, 기도를 습관적으로 계속 해오고 있는 사람들이 예수님을 보고 기도를 가르쳐 달라고 하는 것입니다. 누가복음 11장에는 예수님이 기도하는 것을 다 본 다음에 예수님이 기도를 끝내자, "주님 우리에게도 기도를 가르쳐 주십시오. 요한도 자기 제자들에게 기도를 가르쳐 줬는데 주님도 우리에게 기도를 가르쳐 주십시오"라고 합니다. 여기 보면 제자들이 예수님이 하시는 기도를 보면서 주님이 하고 계시는 저 기도는 지금 우리가 해오고 있는 기도와 우리가 주변에서 접해오고 있는 기도와 뭔가 다르다는 것을 느끼고 확인한 것이 분명합니다. 그리고 요한의 제자들이 기도하는 것을 보면서 저것은 우리가 전통적으로 해오고 있는 기도, 또 우리 주위에서 매일 기도하는 다른 바리새인이나 유대인들, 우리 동족들이 계속하는 기도와는 뭔가 다르다, 이건 다른 기도다. 그것을 느낀 것이 분명합니다. 그러니까 우리에게도 기도를 가르쳐 주십시오 하고 요청을 한 것이지요.

: 15 기도를 가르치시는 이유

기도를 가르치고 배워야 할 상황

마태복음에는 주님이 이렇게 기도하라고 가르쳐 주시고, 누가복음에는 "우리에게 기도를 가르쳐 주십시오" 하고 요청을 해서 가르치고 있어서 많이 다른 것 같지만, 그러나 본질은 동일합니다. 뭔가 지금 이들이 익숙해 있는 기도하고는 다른 기도가 필요한 상황이 펼쳐지고 있다 그 말이지요. 누가복음에서는 제자들이 예수님의 기도를 보면서, 그리고 요한이 가르친 기도를 보면서 느꼈어요. 그러나 마태복음에서는 예수님이 더 적극적으로 기도를 이들에게 가르쳐야 할 상황인 것을 인식하신 거예요. 그리고는 그 앞에 "그러므로" 그래요. "그러므로 너희는 이렇게 기도하라." "그러므로" 하면서 말이 이어질 때는 뭔가 앞에 이유를 말하고 뒤에 결과를 말하는 것이지요. "나는 오늘 아침 점심을 굶었더니 배가 고픕니다. 그러므로 나에게 빵이라도 한 쪽 주십시오." 그래야 맞지요. "사람들이 다 기도를 열심히 하고 있다. 그러므로 너희도 기도하라." 그러든지 "오늘날은 기도가 너무 필요한 시대인데 사람들이 너무 기도를 하지 않는다. 그러므로 너희가 기도를 해라" 그러든지, 하여튼 앞에 이유가 있는 거예요. 예수님이 "그러므로 너희는 이렇게 기도하라"고 하실 때는 예수님이 이렇게 기도를 가르쳐야 하는 이유가 앞에 있었다는 말이지요. 그러니까 이 본문에서 예수님이 왜 이 이상한 일을 하시는가 하는 것을 알려면, 그 앞을 봐야 하는 거지요. 그 앞에 이유가 분명히 있는 것입니다. 그러니까 이제 예수님이 기도를 가르치는 이유를 알기 위해서는 길게는 마태복음 6장 1절부터 8절까지를 보아야 하는 것입니다.

경건생활과 그 원리

마태복음 6장 1-8절은 이렇게 되어있습니다.

"사람에게 보이려고 그들 앞에서 너희 의를 행치 않도록 주의 하라. 그렇지 않으면 하늘에 계신 너희 아버지께 상을 얻지 못하느니라. 그러므로 구제할 때 외식하는 자가 사람에게 영광을 얻으려고 회당과 거리에서 하는 것 같이 너희 앞에 나팔을 불지 말라. 진실로 너희에게 이르노니 저희는 자기상을 이미 받았느니라. 너희는 구제할 때에 오른 손이 하는 것을 왼손이 모르게 하여 네 구제함이 은밀하게 하라. 은밀한 중에 보시는 너희 아버지가 갚으시리라. 또 너희가 기도할 때에 외식하는 자와 같이 되지 말라. 저희는 사람에게 보이려고 회당과 큰 거리 어귀에 서서 기도하기를 좋아하느니라. 내가 진실로 너희에게 이르노니 저희는 자기상을 이미 받았느니라. 너는 기도할 때 네 골방에 들어가 문을 닫고 은밀한 중에 계신 내 아버지께 기도하라. 은밀한 중에 보시는 내 아버지께서 갚으시리라. 또 기도할 때 이방인과 같이 중언부언하지 말라. 저희는 말을 많이 하여야 들으실 줄을 생각하느니라. 그러므로 저희를 본받지 말라. 구하기 전에 너희에게 있어야 할 것을 하나님 너희 아버지께서 아시느니라."

예수님은 1-8절까지에서 유대인들이 전통적으로 실천해오고 있는 세 가지의 경건생활을 말씀하십니다. 구제하는 것과 금식하는 것과 기도하는 것입니다. 유대인 전통에서 어떤 사람이 자기는 경건 생활을 하고 있다고 말할 때 이 세 가지가 대표적인 거예요. 그런데 주님은 이 세 가지 경건생활에 똑 같이 적용되는 원리를 가르치고 계세요. 그것은 사람에게 보이려고 해서는 안 된다는 것입니다. 예수님은 이렇게 말씀하고 있는 셈입니다. "이 경건 생활이라고 하는 것은 하나님 앞에서 하는 것이고 하나님을 상대로 하는 것이다. 그러니까 하나님 앞에서 하나님 상대로 해야 되는데 사람에게 보이려고 사람 앞에서 이 일을 하고 있다. 그래서 문제가 되고 있다." 그 시대의 풍조를 그렇게 말한 다음 "그러므로 너희가 구제할 때는…" "그러므로 금식할 때는…" "그러므로 기도할 때는…" 하고 차례로 말씀하는 것입니다.

기도가 아닌 기도들

1) 유대인들의 잘못된 기도 – 자기를 드러내려는 외식하는 기도

우리의 관심은 왜 주님은 기도를 가르쳐야 하는가 하는 것이므로 여기서는 기도에만 초점을 맞추어 보도록 하지요. 9절에서 기도를 가르치기 시작하기 전의 본문을 보면 당시에 이미 다양한 방식의 기도들이 있음을 알 수 있습니다. 시장 바닥에 나가도 기도가 있고, 길거리에 나가도 기도가 있고, 유대인을 만나도 기도가 있고, 이방인들을 만나도 기도가 있습니다. 온 천지에 기도가 있습니다. 그런데 주님은 이 많은 사람들이 기도라는 것을 하면서 사실은 기도를 기도가 아닌 것으로 만들어 버리고 있다고 지적하고 있습니다. 기도가 넘쳐나고 있고, 모두가 기도를 하고 있는데, 사실은 그 기도라고 하는 것들이 기도를 기도 아닌 것으로 만들고 있다고 말씀하는 셈입니다. 그래서 진정한 기도를 찾을 수가 없는 세상이 되어버린 것이지요. 그러니까 기도를 가르쳐야만 하는 상황인 것입니다. 그러므로 주님이 지적하시는 말씀의 내용은 두 가지로 요약됩니다. 첫째는 어떻게 기도를 기도가 아닌 것으로 만드는 일들이 일어나고 있는가 하는 것이고, 둘째는 누가 기도를 기도가 아닌 것으로 만들고 있는가 하는 것입니다.

첫째는 유대인들입니다. 5절과 6절을 읽겠습니다.

"또 너희가 기도할 때에 외식하는 자와 같이 되지 말라 저희는 사람에게 보이려고 회당과 큰 거리 어귀에 서서 기도하기를 좋아하느니라. 내가 진실로 너희에게 이르노니 저희는 자기 상을 이미 받았느니라. 너희는 기도할 때에 네 골방에 들어가 문을 닫고 은밀한 중에 계시는 네 아버지께 기도하라. 은밀한 중에 보시는 네 아버지께서 갚으시리라."

유대인들의 기도를 말하는 것입니다. 바리새인들이 하는 기도예요. 그런데 이 사람들은 역사적으로 놀라운 기도의 전통에 서 있는 사람들이란 말이지요. 우리 조상 가운데 기도의 영웅으로 아브라함이 있었다, 모세가 있었다, 사무엘이 있었다, 엘리야가 있었다, 히스기야가 있었다 하는 사람들입니다. 그 역사의 전통을 계승해서 기도의 역사를 이어간다고 자부심을 가지고 있는 사람들이에요. 하루에 세 번씩 기도하는 그런 사람들이에요. 그런데 이들이 사실은 기도를 기도가 아닌 것으로 만들고 있다는 거예요. 어떻게 그런 일이 일어나는 걸까요? 주님은 그들의 기도를 한 마디로 외식하는 기도라고 단정을 지으십니다. 외식하는 기도란 어떤 걸까요? 주님이 본문에 설명한 대로 하면 사람들에게 보이려고 하는 기도, 회당과 큰 거리 어귀에 서서 하는 기도입니다. 그러나 회당과 큰 거리 어귀에 서서 하는 기도는 모두 잘못된 기도라고 주님이 말씀하는 것은 아닙니다. 우리가 시장 바닥에 서서 기도를 하면 그건 잘못된 거고, 은밀한 골방에 들어가서 해야만 잘된 기도라고 말씀하는 것이 아닙니다. 주님은 어디에서 기도를 하는가, 어떤 모습으로 기도하는가를 가지고 말한 게 아니에요 그렇게 기도하는 의도가 무엇인가를 말씀하고 있는 것입니다. 이 사람들이 회당에 가서 기도하고, 큰 거리 어귀에서 기도하고, 시장에서 기도하는 동기가 어디에 있는가, 무엇을 노리고 그 모습으로 기도하는가를 지적하시는 것입니다. 이 유대인들은 시장이나 큰 거리 어귀나 회당이나 사람들이 많이 모인 곳에 가서 기도하기를 좋아해요. 하루 세 번 시간을 정해놓고 해요. 그 시간이 되면 골방에 있다가도 사람이 많은 곳으로 나와서 기도해요. 기도할 때 이 사람들은 손을 앞으로 내밀어 들고 하지요. 그러면 멀리서 봐도 저 사람 기도하고 있구나 하고 다 알아요. 전통이 이러니까 이렇게 기도하자, 그런 게 아닙니다. 본문에서 본대로 외식으로 이렇게 한단 말이에요. 외식이라는 것은 겉과 속이 다르다는 말이지요. 겉은 기도하는 모습인데 속은 기도가 아니라 그 말이지요. 왜 이렇게 기도하는 것이죠? 다른 사람들에게 자기는 기도하는 사람이라는 것을 알리기 위해서 그렇게 한단 말이에요.

사람을 상대로 하는 기도

기도란 하나님 앞에 나아가는 것이지요. 하나님 앞에 나아가서 하나님을 상대로 하나님께 아뢰고 하나님 앞에 있는 것입니다. 그런데 이 사람들은 외형은 하나님께 나아가는 모습인데, 속마음은 사람 앞에 나왔다는 것이지요. 사람들에게 보이려고 하는 것입니다. 내가 이렇게 하면 저 사람들이 내가 얼마나 경건 생활에 충실한 사람인가, 내가 얼마나 기도에 힘쓰는 사람인가를 알아줄 것이다. 그래서 나를 경건한 사람으로 인정해 주고, 나를 기도에 참 열심인 사람으로 알아주게 될 것이다. 그걸 노리고 그렇게 한다는 말입니다. 시장 바닥에서 얼마든지 기도할 수 있지요. 그러나 이 사람들과는 전혀 다른 동기로 시장 바닥에서 기도할 수도 있습니다. 주님은, "너는 기도할 때 네 골방에 들어가 문을 닫고 은밀한 중에 계신 네 아버지께 기도하라"고 하셨습니다. 그런데 골방에 들어가서 문을 잠그고 하는 기도는 언제나 좋은 기도인가 하면 그렇지는 않아요. 외형은 골방에 들어가서 문을 잠그고, 기도 굴에 들어가서 혼자 기도하는데, 신문에 광고 내고 주보에 광고 내고 만방에 알릴 수 있어요. 그러면 외형은 골방에 들어가서 기도하고 있지만 실제로 기도하고 있는 그 마음은 시장 바닥에 나가서 손을 들고 하는 기도와 똑같은 것일 수 있지요. 나는 이렇게 골방에 들어가서 열심히 기도한다는 것을 사람들에게 알려서 인정을 받으려는 동기로 그렇게 한다면 시장에서 하는 기도나 골방에서 하는 기도나 똑같이 외식하는 기도이지요. 주님이 "너는 기도할 때 네 골방에 들어가 문을 닫고 은밀한 중에 계신 네 아버지께 기도하라"고 하신 말씀의 강조점은 "골방"이 아니라, "네 아버지께"에 있습니다.

예수님은 누가복음 18장 9-14절에서 바리새인과 세리의 기도를 대조시키며 무엇이 문제의 핵심인가를 분명히 밝히십니다. 두 사람 다 기도하러 성전에 올라갔습니다. 바리새인은 따로 서서 이렇게 기도합니다. "하나님이여 나는 다른 사람들 곧 토색, 불의, 간음을 하는 자들과 같지 아니하고 이 세리와도 같지 아니함을 감사하나이다. 나는 이레에 두 번씩 금식하고 또 소득의 십일조를 드리나이다." 그러나 세리는 멀리 서서 감히 눈을 들어 하늘을 쳐다보지도 못하고 가슴을 치며 이렇게 기도합니다. "하나님이여 불쌍히 여기소서. 나는 죄인이로소이다." 그런데 "저 바리새인이 아니고, 이 세리가 의롭다 하심을 받고 자기 집으로 내려갔다"는 것이 예수님의 결론입니다. 저 바리새인과 이 세리가 각각 기도한 결과가 그렇게 된 것은 그들이 한 기도문의 차이 때문이 아닙니다. 만약 바리새인과 세리가 서로 기도문을 바꾸어서 기도했더라면 바리새인과 세리의 운명도 서로 뒤바뀌었을까요? 그럴 리 없다는 것을 본문은 분명하게 밝히고 있습니다. 그들이 기도로 입을 열어 말한 그 내용들은 그들의 운명을 결정한 원인이 아니라, 그들의 중심이 만들어낸 결과입니다. 다시 말하면 그들이 그런 내용으로 기도했기 때문에 그런 결과가 온 것이 아닌 것입니다. 사실 내용으로만 놓고 보면 바리새인이 한 기도의 내용은 우리도 매일 그렇게 하고 싶을 만큼 수준 높은 신앙의 실천입니다. 우리도 나가서 신앙으로 승리하고 돌아오라고 우리를 삶의 현장으로 보내신 왕께 개선장군처럼 당당히 돌아와서 승리한 내용을 보고하고 싶습니다. 사실 매일 패잔병처럼 실패하고 넘어지고 실수하고 범죄한 것만

왕께 내어놓고 용서를 빌어야 하는 나 자신이 너무 싫을 때가 한두 번이 아닙니다. 시편 26편에서 다윗은 하나님께 이렇게 당당하게 승전보고를 하고 있습니다. "내가 나의 완전함에 행하였사오며 흔들리지 아니하고 여호와를 의지하였사오니 여호와여 나를 판단하소서. ... 내가 주의 진리 중에 행하여 허망한 사람과 같이 앉지 아니하였사오니 간사한 자와 동행하지도 아니하리이다..."

바리새인은 기도를 그런 내용으로 해서 잘못된 게 아닙니다. 그의 속마음이 자기를 의롭다고 믿고 다른 사람을 멸시하는 사람이기 때문에 잘못입니다(9절). 그의 기도는 자기가 그렇게 의로운 사람이라는 것을 다른 사람들에게 드러내어 인정받기 위하여 동원한 수단이었습니다. 그는 기도를 한 것이 아니라, 기도를 자기의 뜻을 성취하는 방편으로 이용한 것입니다. 그렇게 사람을 상대로 기도를 써먹는 바리새인과 달리, 세리는 하나님을 상대로 하나님께 기도를 한 것이고, 그것이 이 두 사람의 결과를 그렇게 다르게 만든 것입니다. 그러므로 두 사람의 차이는 기도 내용의 차이가 아니라, 기도인 것과 기도가 아닌 것의 차이입니다.

기도의 본질은 하나님 앞에 나아가는 것이고 하나님을 상대로 행하는 것인데, 예수님 당시의 바리새인들을 중심으로 한 많은 유대인들은 그렇게 하지 않는 것입니다. 기도하는 의도와 기도하는 모습을 의도적으로 다르게 하는 것입니다. 다른 사람들에게 인정받고 싶은 자기 욕심 때문에 의도적으로 기도를 변질시킨 거예요. 그러니까 기도하는 중심보다 기도하는 외양에 더 관심을 쏟게 됩니다. 기도하는 목적이 하나님께 응답받는 데 있는 게 아니라, 사람들에게 인정받는 데 있게 되지요. 그렇게 해놓고 그것을 자꾸 기도라고 하는 것입니다. 그러니까 많은 사람들이 그것이 기도인 줄 알아요. 자식들에게도 그렇게 가르치니까 자식들이 그것이 기도인 줄 알고 배워요. 그러다 보니 기도는 없어지고 사이비 기도가 기도인 것처럼 되는 세상이 된다 그 말이지요. 그러니까 예수님이 기도란 무엇인가, 어떻게 해야 하는가를 가르쳐야만 되는 상황이 된 것입니다. 그것이 본문에서 주님이 기도를 가르치는 이유입니다. 그러므로 주님은 분명히 말씀하십니다. "저희를 본받지 말라!" 그렇게 기도하는 저 사람들을 본받지 말라고 하십니다. 8절에 말씀하기를, "그러므로 너희가 저희를 본받지 말라!" 외양은 기도 같아 보이지만 그건 기도가 아니다. 그들은 기도의 본질을 왜곡하는 사람들이다. 그런 기도를 하지 말라. 기도는 근본적으로 하나님 아버지와의 관계이지, 다른 사람과는 관계 없다고 말씀하시는 셈입니다. 기도의 대상도 하나님이요 기도의 응답도 하나님으로부터 오는 것입니다.

2) 이방인들의 잘못된 기도 – 공력을 쌓아 소원을 성취하려는 기도

두 번째, 기도를 기도가 아닌 것으로 만드는 이들이 또 있습니다. 7절이 그것을 말씀합니다. "또 기도할 때 이방인과 같이 중언부언하지 말라 저희는 말을 많이 하여야 들으실 줄 생각하느니라." 유대인들은 자기를 드러내서 다른 사람들에게 인정받으려는 수단으로 기도를 써먹음으로써 기도를 기도가 아닌 것으로 만들어 버리고 있습니다. 그런데 이방인들은 또 이방인대로 기도를 기도가 아닌 것으로 만드는 풍조를 만들고 있습니다. 이방인들은 말을 많이 하여야 기도가 이루어지는 줄로 믿고 있는 것입니다. 중언부언이라는 말은 의미도 모르면서, 때로는 의미도 없는 말인데 반복적으로 말하는 거예요. 그것을 가리켜 우리는 염불이라고 그러지요. 염불을 하는 거예요. 그것이 무슨 말인지도 몰라요. 그러면서 일천 번을 숙이면서 절을 한다든지, 천 일을 정해놓고 기도를 한다든지 그래요. 그런데 이렇게 하는 이유가 있어요. 굳게 믿는 바가 있어서 그래요. 스스로 공을 많이 쌓아서 그 공력으로 신을 감동시켜서 자기가 원하는 바를 이루어 내는 것이 기도라고 생각해서 그렇게 하는 것입니다. 내가 열심히 정성을 바쳐서 뭔가 공을 쌓으면 신이 감동을 받게 되고, 그래서 자기가 원하는 것을 이룰 수 있다고 믿는 거예요. 그래서 그렇게 열심히 기도를 하는 거예요. 내가 열심히 기도의 공력을 쌓아서 신을 감동시켜서 나의 요구를 이루어 내는 수단으로 사용하고 있는 것입니다. 그래서 말이 되건 안 되건, 그것이 무슨 말인지 알건 모르건 하여튼 많이만 하면 되는 거예요. 그러니까 사람들은 부적도 싼 것보다는 비싼 것이 더 큰 효과가 있다고 믿지요. 왜냐면 내가 돈을 많이 들였으니까요. 기도도 오랜 시간 하는 거, 많이 하는 거, 백 번 한 것보다는 천 번 한 것이 더 효과가 있다고 믿는 거예요. 자기가 그만큼 더 공을 쌓았으니까요. 결국 예수님이 지적하시는 이방인들의 기도란 자기들의 소원성취를 위하여 공력을 쌓는 수단일 뿐이라는 것입니다. 자기 능력으로 이룰 수 없는 소원을 자기보다 능력이 많은 신의 힘을 빌어서 이루고자 하는데, 신의 힘을 빌리는 방편이 공력을 쌓아서 신을 감동시키는 데 있다고 믿어서 나온 행위가 이방인의 기도인 것입니다. 여기서도 역시 기도는 하나님 대상이 아니라, 자기 자신의 소원성취를 대상으로 하고 있는 것이지요. 유대인들의 기도가 자기가 그들에게 인정받고 싶은 다른 사람들을 상대로 하고 있다면, 이방인들의 기도는 자기 자신의 공적 쌓기를 상대로 하고 있습니다. 둘 다 사람을 상대로 하고 있다는 점에서 공통점을 갖고 있습니다. 둘 다 외형은 동일하게 기도하는 모습을 갖추고 있는데, 실상은 기도가 아닙니다. 그것을 보고 다른 사람들도 그렇게 하게 만드니 그들은 사실은 기도를 기도가 아닌 것으로 만드는 일에 앞장서고 있는 셈입니다. 기도는 하나님을 상대로 하는 것인데, 유대인이든지 이방인이든지 기도의 모습을 갖추고 있는 이들은 모두 사람을 상대로 하고 있으니, 참된 기도가 무엇인지를 가르쳐야만 하게 된 것입니다.

기도를 오래 하는 것이 필요 없다거나 혹은 잘못된 것이라는 말이 아닙니다. 물론 때로는 기도를 짧게 하는 것이 필요하고 은혜가 되는 경우가 있습니다. 특히 교회에서 예배시간에 대표기도를 하거나 모임에서 대표기도를 할 때는 짧게 하는 것이 좋습니다. 어느 교회 이야기를 들으니까 장로님이 기도를 얼마나 길게 하시는지 창세기부터 시작하여 계시록까지 하고 우주 만물로부터 시작해서 국가와 교인 한 사람에 이르기까지 하느라고 주일 예배에 대표기도 시간이 10분 이상 걸린대요. 그래서 목사님이 오래 오래 참다가 예배를 위해서 안 되겠다 싶어서 한 번 겸손히 말씀을 드렸대요. 그랬더니 화가 나서 다음 주일에는 20분인가 하더래요. 그리고 또 다른 교회 얘기인데 협동 장로님이 기도를 길게 하시더래요. 그래서 또 몇 번 망설이다가 장로님 공예배니까 기도를 짧게 일목요연하게 했으면 좋겠습니다, 하고 말씀드렸더니 그 다음 주일에는 1분에 기도를 마치고는 다시는 기도를 안 하겠다고 하시더래요. 하나님의 영광이 임하기를, 하나님의 뜻이 이루어지기를, 이 예배 공동체에 하나님의 은혜가 임하기를, 일목요연하게 짧게 하는 것이 좋지요. 그러나 기도는 언제나 짧게 해야 된다고 말할 수는 없지요. 예수님은 겟세마네에서 밤이 맞도록 기도를 하셨습니다. 기도는 오래 해야 할 때가 있어요. 또 같은 말을 반복적으로 하는 모든 기도가 중언부언하는 기도요 잘못된 기도라고 할 수도 없습니다. 같은 말을 얼마든지 반복할 수 있어요. 어느 분은 자기 기도 시간에는 누가 찾아와도 절대로 면회를 안 했다고 해요. 어느 날은 손님이 찾아왔는데 그 부인이 말하길 지금 기도중이니까 기다리라고 해서 기다리는데 기도가 안 끝나는 거예요. 기다리다 못해서 가봤대요. 도대체 무슨 기도를 하시기에 이렇게 오래 하시는가 하고 가만히 들어봤더니 딱 두 마디를 그렇게 오래 하더래요. "하나님 당신은 누구십니까? 하나님 나는 누굽니까?" 이 말만 계속 하고 있더래요. 같은 말을 반복적으로 하는 기도라고 해서 언제나 예수님이 말씀하신 중언부언하는 기도라고 할 수는 없습니다.

예수님은 긴 기도는 잘못된 것이라거나, 같은 말을 반복적으로 하는 기도는 다 잘못된 것이라고 말씀하시는 것이 아닙니다. 중언부언 하는 기도의 대표적인 장면이 성경에 있지요. 엘리야가 갈멜산에 올라가서 바알 선지자들과 대결할 때 바알 선지자들이 반나절 동안 손을 들고 아우성치고 때로는 자기 몸을 해치면서 바알이여 응답하소서 하고 소리를 지르며 기도했습니다. 이것이 중언부언하는 기도입니다. 바울이 3차 전도 여행 때 에베소에 가니까 에베소 사람들이 바울이 기적을 베풀고 전도를 하는 것을 보고 모여서 두 시간 동안 손을 들고 기도를 했습니다. "크도다 아데미여, 크도다 아데미여!" 이것이 이방인들이 하는 기도입니다. 다른 종교를 비방하고 싶지 않으니까 말하지 않지만 어떤 종교는 그냥 여섯 자를 한 없이 되풀이하기도 합니다. 그러면 되는 줄 알고 그게 무슨 말인지도 모르면서 그렇게 한 없이 외우는 거지요. 이게 중언부언하는 거예요. 그러고는 그것에 기도라고 이름을 붙입니다.

기도다운 기도의 첫 번째 전제

결국 바리새인의 기도나 이방인의 기도나 두 가지 점에서 본질이 같습니다. 둘 다 사람에게 초점이 맞추어져 있습니다. 첫째는 기도의 목적이 기도하는 사람의 필요 충족에 맞추어져 있습니다. 어떻게 하면 사람들에게 나의 경건과 영적 수준이 남다르다고 인정을 받을 것인가 하는 것이 바리새인의 기도의 최대 관심사입니다. 그리고 이방인의 기도는 어떻게 하면 공력을 쌓아서 나의 소원을 이루어낼 수 있을까 하는 것에 기도 행위의 초점이 맞추어져 있습니다. 그것이 기도의 원동력이 됩니다. 둘째는 기도의 주인공이 기도의 대상이 아니라, 기도하는 사람 자신이라는 점에서 두 기도는 본질적으로 같습니다. 기도를 받는 이가 아니라, 기도자가 초점입니다. 그리하여 모든 것이 기도하는 사람에게 집중되어 있습니다. 그렇게 해서 결국 기도다운 기도가 희귀한 세상이 되어 버린 것입니다.

그러니까 주님께서 기도를 가르칠 필요를 느끼게 되었지요. 그래서 이렇게 말씀을 하시는 것입니다. '너희들 지금 이런 기도 보고 있지? 시장 바닥에 나와서, 회당에 나와서 사람들에게 인정받으려고 하는 바리새인들의 기도. 그리고 자기 욕심을 성취하기 위해서 자기 공력을 쌓으려고 열심히 쏟아내는 이방인들의 그 기도. 그러나 기도는 그런 것이 아니다. 기도는 다른 사람을 상대로 하는 것도 아니고, 자기 자신을 상대로 하는 것도 아니다. 기도는 하나님을 상대로 하는 것이다.' "그러므로 너희는 이렇게 기도하라"는 주님의 가르침은 이러한 상황에서 주어지고 있습니다. 그러므로 지금부터 주님이 가르치실 주님의 기도는 어떤 성격을 갖고 어디에 초점이 맞추어질 것인가는 이미 암시가 되어 있는 거지요. 기도의 대상은 누구이며, 기도의 목적은 무엇이며, 무엇을 기도할 수 있는가 하는 문제입니다.

그러므로 주님이 가르치시는 기도에서 기도는 누구에게 하는 것인가, 무엇을 기도하는 것인가, 왜 하는 것인가를 분명히 하십니다. 주님은 기도를 가르치시면서 인간적인 욕구와 인간의 생각을 위주로 하는 바리새인들의 인본주의적 기도도 아니고, 이방신을 섬기는 자들이 공을 많이 쌓아서 신을 이용해서라도 내 욕구만 채우면 된다는 마음으로 하는 자기중심적 기도도 아니라고 말씀하십니다. 하나님을 먼저 찾고 하나님 나라를 구하고 나의 요구를 그에게 드리고 마지막에는 하나님의 영광을 찬송하는 이런 기도를 가르치시는 거지요. 그래서 주님은 기도를 가르치시면서 그 기도의 첫 마디를 이렇게 시작하라고 하시는 것입니다. "하늘에 계신 우리 아버지여!"

주님이 직접 기도문을 주시는 의미와 목적

사실, 주기도문이 우리가 주님 자신으로부터 직접 받은 기도문이라는 사실은 얼마나 은혜 넘치는 일이며 또한 감격스러운 일인지 알 수 없습니다. 주님과 우리의 독특하고도 특별한 관계에 대한 확증이기도 하고, 주님께서 주기도문을 통하여 우리가 구하는 모든 간구에 대한 보장이 되신다는 선언이기도 합니다. 우리가 드리는 기도는 그 기도의 권위나 정당성이나 성취의 보장이 모두 주님의 책임과 보증에 의하여 주어지고 있습니다. 주기도문의 근거와 배경에 예수님이 계시는 것입니다.

그런데 마태복음에 있는 주님이 가르치신 기도와 누가복음의 기도는 내용이 약간 다릅니다. 마태복음에 있는 기도 가운데 어느 대목이 누가복음에는 생략되어 있어요. 그러나 우리는 기도문으로 사용할 때 마태복음에 있는 주님이 가르쳐 주신 기도 즉 좀 더 자세히 기록되어 있는 기도를 기도문으로 사용하지요. 주님이 기도를 가르쳐 주시는 목적은 두 가지입니다. 하나는 이미 가르쳐 주신 이 기도를 그대로 기도의 모범으로 삼아서 기도문 그대로 기도하라는 것입니다. 또 하나는 우리가 기도를 할 때 어떤 원리로 할 것인가 어떤 정신으로 할 것인가를 보여 주시는 것입니다. 다른 말로 하면, 첫째는 그대로 하라는 본보기로 기도문을 가르쳐 주신 것이고, 둘째는 이런 원리로 이런 내용으로 기도하라고 원리를 가르쳐 주신 것입니다. 그러니까 우리는 주기도문을 두 가지 방식으로 모두 사용할 수 있습니다. 때로는 주님이 가르쳐 주신 기도문을 그대로 우리의 기도로 삼아서 기도할 수 있습니다. 그러나 때로는 우리의 기도를 주기도문이 가르치는 원리에 따라서 할 수 있습니다. 주기도문이 보여주는 원리대로 우리는 먼저 하나님을 부르고, 하나님 나라가 임할 것을 기도하는 하나님 중심의 기도로 시작하여, 그 다음에 일용할 양식과 죄 사함 등 우리의 필요를 주님께 아뢰는 기도와, 아버지를 찬양하고 아버지의 영광을 높이는 그런 원리를 따라서 기도할 수 있습니다.

묵상을 위한 질문

1 열심히 하는 우리의 기도가 사실은 기도가 아닌 것이 될 위험을 갖고 있는 것은 무엇 때문입니까? 우리가 어떻게 기도할 때 그것은 기도가 아닌 것이 됩니까?

2 우리가 언제나 하나님께 아뢰는 "주기도문"은 우리 주님으로부터 직접 받은 기도문이라는 사실이 우리에게 주는 의미는 무엇입니까?

3 주님께서 직접 우리에게 주신 주기도문을 사용할 수 있는 두 가지 방법은 무엇입니까?

신자의
간구

02

하늘에 계신
우리
아버지여

-
-
-

¹⁴ 무릇 하나님의 영으로 인도함을 받는 사람은 곧 하나님의 아들이라

¹⁵ 너희는 다시 무서워하는 종의 영을 받지 아니하고 양자의 영을 받았으므로 우리가 아빠 아버지라고 부르짖느니라

로마서 8:14-15

주님께서는 제자들에게 "그러므로 너희는 이렇게 기도하라"고 하시면서, 기도의 첫 마디를 "하늘에 계신 우리 아버지여 라고 시작하라고 하십니다. 이것은 참으로 놀라운 일입니다. 하나님이 부르시지 않았는데 누가 감히 하나님께 나아갈 수가 있습니까? 더욱이 누가 하나님을 감히 아버지라고 부를 수 있습니까? 예수님께서 하나님께 나아가서 그분을 아버지라고 부르며 말을 시작하라고 하시는 데는 주님께서 우리를 그렇게 할 수 있는 사람으로 만드신 일을 전제로 하고 있습니다. 주님의 구속사역 곧 주님의 죽으심으로 말미암아 우리를 하나님의 자녀로 만드신 은혜로운 그 사건으로 말미암아 가능하게 된 것입니다. 우리가 하나님을 아버지라고 부를 때, 거기에는 우리 주님이 우리를 위하여 대신 죽으신 은혜가 전제되어 있습니다. 사실, 주기도문의 모든 간구의 배경에는 주님 자신이 우리가 그렇게 간구할 수 있는 가능성과 정당성, 그리고 응답의 근거와 보장으로 서 계십니다.

하나님을 부름으로 시작하는 기도 - 네 가지 의미

"하늘에 계신 우리 아버지여"라는 기도의 시작은 네 가지의 중요한 의미를 담고 있습니다. 첫째는 우리가 지금 기도를 드리는 대상이 "하나님"이라는 것이고, 둘째는 그 하나님은 "하늘에 계시는" 분이라는 사실, 셋째는 그분이 "아버지"라는 사실이며, 넷째는 그분이 "우리의" 아버지라는 사실입니다. 기도는 하나님을 상대로 하는 것이요, 그 하나님은 하늘에 계시는 전능하시고 크고 높으시고 거룩하신 분이요, 이 기도를 드리는 나는 그 하나님과 아버지와 자녀의 관계에 있으며, 그분에게 이렇게 기도를 드리는 사람들은 모두 "우리"라고 하는 공동체의 지체들이라는 말씀입니다. 그러므로 이것은 단순히 하나님을 부르는 호칭이 아니라, 기도를 드리는 사람의 하나님에 대한 고백이기도 하고 믿음이기도 합니다.

I. 기도의 대상이신 하나님

예수님은 "하늘에 계신 우리 아버지여"라는 말로 기도를 시작하라고 하십니다. 이것은 우리의 기도의 대상이 누구인가를 분명히 인식하고 기도하라는 말입니다. 사람을 상대로 하는 것이 아니고 하나님을 상대로 하는 것이 기도임을 선언하시는 것입니다. 우리 기도의 대상은 하나님입니다. 바리새인들처럼 사람이 많이 모인 곳에서 자기를 드러내고, 자기의 경건을 인정받기 위해서 기도를 하는 것은 사람을 상대로 하는 것이지요. 그러나 예수님은 참된 기도의 대상은 사람도 아니고, 이방신도 아니고 하나님이라는 사실을 분명히 하는 것입니다.

기도의 대상이 하나님이라고 할 때 그것이 담고 있는 두 가지의 매우 중요한 내용을 기억해야 합니다. 첫째는 기도에서 하나님 우선성 혹은 하나님 중심성입니다. 우리의 기도의 대상은 하나님이라는 사실은 기도에서 가장 중심이 되어야 할 것이 무엇이고, 가장 우선되어야 할 것이 무엇인가를 분명히 하는 것인데, 그것은 "하나님"입니다. 그러므로 기도하는 사람이 제일 먼저 생각해야 하고, 제일 먼저 앞세워야 하는 것이 하나님입니다. 둘째는 하나님과의 친밀한 동행의식입니다. 지금 하나님을 대상으로 이 기도를 하고 있다는 것은 하나님과 인격적으로 마주 대하고 있다는 의식을 그 안에 담고 있습니다. 그러므로 주님이 가르쳐 주신 기도를 시작하는 첫마디에서 우리는 하나님과 마주 앉아있다는 의식, 곧 하나님의 임재를 의식하면서 기도를 해야 합니다.

기도의 능력이 충만하다는 말의 의미

우리는 기도의 능력이 충만케 해달라고 자주자주 기도합니다. 기도의 능력이 충만하다는 것은 무엇일까요? 내가 소원하는 것을 착착 이루어내는 것을 기도의 능력이 충만하다고 하지 않습니다. 기도의 능력이 충만하다는 것은 내가 하나님 앞에 나아가서 하나님의 나에 대한 계획이 무엇이고, 하나님이 나를 향하여 가지고 계신 뜻이 무엇인가 깨닫고, 그 뜻이 무엇이든지 나를 쳐 복종시켜서 하나님의 뜻을 따르는 삶을 사는 것을 말합니다. 말하자면 하나님 최우선의 태도와 삶을 말합니다. 그것이 기도의 능력이 충만하다고 할 때의 핵심 내용입니다. 하나님 앞에 나아가서, 하나님 이러면 나 하나님 그만 끊을 거예요. 하나님 이러면 나 십일조 안 할 거예요. 하나님 이러면 나 교회 안 나올 거예요 하고 하나님을 위협하고 협박해서 내가 하고 싶은 것을 받아내는 것이 기도가 아닙니다. 기도의 일차적인 목적은 하나님 앞에 내가 나아가서 하나님의 뜻과 나를 향한 계획을 깨닫고 하나님의 중심을 알고 받아들이려는 데 있습니다. 그러므로 예수님은 기도를 가르치시면서 의도적으로 제일 처음에 하나님을 앞세워 놓으셨습니다. 하나님을 먼저 부르게 하셨습니다. 그리고 이어지는 기도의 배열도 세 가지 하나님에 대한 간구를 먼저 하고, 그 다음에 우리의 필요 세 가지 혹은 네 가지를 하도록 배열을 한 것입니다. 기도의 대상은 하나님이요, 기도의 중심도 하나님이요, 기도에서 제일 우선도 하나님입니다. 그것을 예수님은 "하늘에 계신 우리 아버지여"라는 말로 기도를 시작하라고 가르침으로써 분명히 밝혀 놓으셨습니다.

2. 아버지이신 하나님

예수님은 하나님을 아버지라고 부르라고 가르치십니다. 예수님이 제자들에게 너희는 기도할 때 하나님을 아버지여, 라고 부르라고 한 것은 아주 혁명적인 사건입니다. 이 당시에 유대인들은 하나님을 부를 때 감히 사용할 수 없는 용어였습니다. 예수님이 가르쳐 주신 이 아버지라는 말은 아버님이라는 말처럼 격식 있고 권위적인 말이 아닙니다. 아이가 아버지한테 아빠 하고 부르듯이 그렇게 아주 가까운 사이에서 부르는 칭호입니다. 멀리 거리감이 있는 권위적인 관계가 아니라, 아주 친밀한 관계에서 언제라도 찾아 갈 수 있고 부를 수 있는 아빠와 같은 그런 분으로 부르라는 것입니다. 당시 유대인들에게 하나님을 그렇게 부를 수 있다는 것은 상상도 할 수 없는 일이었습니다.

　유대인들에게는 하나님을 그와 같은 가족의 용어로 부른다는 것은 대단히 불경스러운 일로 여겨졌습니다. 그것은 상상도 할 수 없는 일이었습니다. 그런데 예수님은 그렇게 부르라는 것입니다. 이것의 의미가 무엇일까요? 예수님은 왜 하나님을 이렇게 부르라고 하시는 걸까요? 그 의도가 무엇일까요? 지금까지 사람들은 하나님을 그렇게 부른 적이 없고 그렇게 부를 수도 없이 지내왔습니다. 다만, 예수님만 하나님을 그렇게 불러왔습니다. 물론 "하나님은 아버지다"라는 개념이 지금까지 전혀 없었던 건 아닙니다. 구약에도 있었습니다. 그러나 하나님께서 이스라엘 백성 전체를 놓고 내가 너희의 아버지가 되어 준다는 개념으로 말씀하셨지, 이스라엘 백성 한 사람 한 사람이 하나님을 가리켜 나의 아버지다 그렇게 부른 적은 없었습니다. 그런 표현이 있지도 않습니다. 예수님만 그렇게 불러왔습니다. 그런데 예수님이 기도를 가르치시면서 제자들에게 예수님 자신이 부른 것처럼 너희도 하나님을 그렇게 부르라고 하신 것입니다.

아버지라 부를 수 있는 특권

　예수님이 하나님을 나의 아버지라고 부르신 것은 하나님과 예수님 사이의 독특한 관계를 근거로 한 것입니다. 예수님은 그것을 "아버지와 나는 하나이니라"라는 말로 표현하시기도 하고, 아버지가 나를 알고 내가 아버지를 안다는 말로 표현하기도 하고, 내가 아버지 안에 아버지가 내 안에 있다는 말로도 표현하였습니다. 아무튼 매우 독특한 관계라는 말씀입니다. 그런데 제자들에게 기도하면서 하나님을 아버지라고 부르라고 함으로써 기도하는 제자들도 하나님과 예수님의 관계처럼 독특한 관계에 있다는 사실을 선언하신 것입니다. 이것은 제자들에게 주어진 놀라운 특권이기도 합니다. 예수님이 가르쳐 주신 이 기도를 하는 사람들은 특권을 가진 사람들이라는 거지요. 누가 하나님을 이렇게 부를 수 있는가? 자녀가 아니면 부를 수 없지요. 달리 말하자면, 하나님을 이렇게 부르며 기도할 수 있기 위해서는 하나님의 자녀가 되어야 하는 것입니다.

어떻게 해야 하나님을 아버지라고 부를 수 있는 자녀가 될 수 있는가를 요한복음 1장 12-13절은 분명히 밝히고 있습니다. "영접하는 자 곧 그 이름을 믿는 자들에게는 하나님의 자녀가 되는 권세를 주셨으니 이는 혈통으로나 육정으로나 사람의 뜻으로 난 것이 아니요 오직 하나님의 뜻으로 난 사람들이라." 예수님을 영접하는 자 곧 예수 그리스도를 믿는 사람이 하나님의 자녀가 되고, 그것은 권세라고 말씀하십니다. 하나님의 자녀가 가지는 권세의 핵심은 하나님을 아버지라고 부르며 아무런 거리낌 없이 아버지께 나아가 필요를 요청하는 이것일 것입니다. 결국 하나님을 아버지라 부르면서 하는 기도는 예수 믿는 사람 외에는 할 수 없다는 말이지요. 예수 믿는 사람만 기도를 할 수 있습니다. 예수 안 믿는 사람들이 공을 많이 쌓는다고, 금식을 하고, 철야를 하고, 결단의 기도를 한다고 해서 그것이 기도로 인정되는 것이 아닙니다. 물론 예수 믿는 사람이 믿지 않는 사람을 위해서 기도할 수는 있습니다. 그러나 믿지 않는 사람이 하나님께 기도할 수는 없습니다. 그러므로 하나님을 아버지라 부르는 특별한 관계를 누리면서 하는 이런 기도를 할 수 있기 위한 첫 번째 전제 조건은 예수님을 믿는 것입니다. 예수를 안 믿으면서, 그래서 하나님의 자녀가 아니면서 자기의 열심과 공력으로 기도를 할 수 있는 것처럼 생각하는 것은 대단한 착각일 뿐입니다. 예수님이 하나님의 아들이기 때문에 하나님을 아버지라 부른 것처럼, 우리도 하나님을 이제 아빠라 부를 수 있는데 그렇게 부르기 위해서는 예수님이 하나님의 아들인 것처럼 우리가 하나님의 자녀이어야 한다는 말이지요. 그러므로 이렇게 기도할 수 있는 사람은 하나님과 특별한 관계에 들어간 사람들입니다. 제자들은 지금 그런 특별한 관계에 들어간 사람들이라는 것을 확인 받고 있는 것입니다. 아무도 하나님을 아버지라 부를 수 없고 아무도 하나님을 아빠라 부를 수 없는데, 너희는 하나님을 나처럼 아버지라 불러서 기도할 수 있고 하나님을 향해서 아빠라 말할 수 있다. 그러므로 너희는 이제는 독특한 사람들이다. 특별한 사람들이라는 말씀입니다. 우리가 우리 아버지여, 하고 하나님을 부르며 기도를 시작할 때마다 이 사실을 확인하라는 것이지요. 사실, 하나님을 아버지라 부르면서 기도하는 우리들은 특별한 사람들입니다. 아무나 입이 있다고 해서 불러지는 게 아닙니다. 아무나 글자를 읽을 수 있다고 해서 하나님을 그렇게 부를 수 있는 게 아니지요. 하나님을 아버지라고 스스럼없이 말할 수 있는 사람은 이미 하나님과의 특별한 관계에 있는 사람들이고 특권을 가진 사람들입니다.

3. 하늘에 계시는 아버지

예수님은 하나님을 부르며 기도를 시작하라고 하시면서 그 하나님을 "하늘에 계신" 분으로 부르라고 가르치셨습니다. 하늘에 계신 하나님이라는 사실을 인식하고, 선언하고, 고백하며 기도하라는 말씀입니다. 하나님은 하늘에 계신 분이라는 고백은 하나님은 저 멀리 하늘에 계시고, 우리는 이 땅 여기에 있어서 한 없이 멀리 떨어져 있다는 공간적 개념을 말하는 것이 아닙니다. 하나님은 높은 공중에 계시고 우리는 낮은 땅에 있다는 말이 아니지요. 하나님은 아버지라는 말이 하나님과 우리 사이의 특별하고 친밀한 관계에 초점을 맞추어 하신 말씀이라면, 그분은 하늘에 계시는 분이라는 말은 그분의 신분 곧 하나님의 존재와 능력과 권위를 말하는 것입니다. 구약과 신약을 불문하고 성경이 "하늘에 계신 주여" 하고 나올 때는 언제나 이러한 의미입니다. "대주재여 하늘과 땅과 바다와 그 가운데 만물을 지으신 자요" 하고 나올 때는 언제나 하나님의 초월성과 거룩과 능력과 크심과 높으심과 주권적 통치 등을 그 내용으로 하고 있습니다.

하나님을 아버지라고 부르라는 말은 하나님은 내가 언제라도 찾아가서 아버지, 하고 부를 수 있고 무엇이라도 내어놓고 말할 수 있고 요청할 수 있는 분이라는 것을 알고 기도하라는 말입니다. 반면 하나님은 하늘에 계신다는 말은 하나님은 나와는 다른 분이요 높으신 분이요 초월적인 분이요 그 능력과 권위와 권세가 한이 없으신 분이요 위엄이 뛰어나신 분이요 거룩하신 분이라는 말입니다. 기도할 때 하나님을 그렇게 부르며 시작하라는 것은 하나님은 그러한 분이신 것을 인정하고 고백하고 선언하고 또 느끼면서 기도하라는 말씀입니다.

인간의 아버지와는 다른 아버지

"하늘에 계신 아버지"라고 하신 것은 우리가 아버지라고 부르는 그 하나님은 인간의 아버지와는 다른 분임을 분명히 하는 것입니다. 하나님은 우리의 아버지요, 우리의 아빠이십니다. 그러나 사랑하는 마음만 있지 실제로 그것을 이루어내는 능력이 없는 무능한 인간의 아버지와는 다르다는 선언입니다. 무기력한 아버지라는 말이 아니지요. 인간 부모는 그토록 사랑하는 자녀이지만 그러나 자녀에게 아무것도 할 수 없는 무능력자이어서 속상할 때가 있습니다. 한 아이가 백혈병에 걸려서 죽어가고 있습니다. 아버지가 그 아이를 얼마나 사랑하는지 그 아이 때문에 있는 재산 다 날리고 빚만 걸머졌습니다. 그런데도 계속 하는 말이 "나는 이만큼 살았으니 차라리 내가 저 병을 옮겨 가져서 내가 죽고 아들이 살았으면 원이 없겠다"는 거예요. 그러나 그것은 그 아버지의 마음뿐이지 실제 그렇게 할 수는 없습니다. 그 아버지는 아무것도 할 수 없어요. 차라리 내가 대신 죽어 주고 싶다. 그랬으면 좋겠다 하는 정도의 깊은 사랑은 가지고 있지만, 그 사랑을 이루어 낼 수 있는 능력이 없습니다. 사랑에 실패하고 우울증에 걸려 밖에도 안 나가고 밥도 안 먹고 말도 안 하고 그저 자살할 기회만 노리고 있는 자기 딸을 바라보는 아버지가 있었습니다. 어떻게 해서든지 이 딸을 위로해 주고 기분을 전환시켜 주고 싶었습니다. 인생이란 사람 하나에게 버림받았다고 해서 끝나는 게 아니다, 얼마든지 다른 사람이 있고 새로운 인생이 있다고 가르쳐 주고 생각을 바꾸어 주고 싶었습니다. 그런데 마음만 간절하지 딸에게 먹혀들지 않아서 괴로워하였습니다. 인간 아버지는 이렇게 간절한 사랑과 친밀함이 있지만 그것을 이루어 낼 능력이 없어서 속수무책인 경우가 자주 있습니다.

그러나 예수님은 기도 첫 마디에 하늘에 계신 아버지라고 하라고 하심으로써 우리가 아버지라고 부르는 하나님은 그런 아버지가 아니라는 사실을 분명히 하신 것입니다. 우리가 이제 기도를 시작하는 대상이신 하나님은 하늘에 계신 아버지시다! 그분은 능력이 있고 권세가 있고 권위가 있어서 원하시는 대로 행하실 수 있는 분이다. 우리가 이제 아버지라고 부르면서 구하려고 하는 모든 것을 이루실 수 있는 아버지이시다. 이 사실을 선언하시는 것입니다. 그리고 그 믿음으로 하는 것이 우리의 기도라고 말씀하시는 것입니다.

4. 우리들의 아버지

주님은 하나님을 부를 때 우리 아버지라고 부르라고 하셨습니다. 복음서에서 예수님은 여러 번 하나님을 "하늘에 계신 나의 아버지", 혹은 "하늘에 계신 너희 아버지" 등으로 지칭하셨습니다. 하늘에 계신 "나의 아버지"라는 말은 아홉 번 쯤 한 것으로 보입니다. 그리고 하늘에 계신 "너희 아버지께서" 혹은 "너희 천부께서"라는 말은 열한 번쯤 한 것으로 나타납니다. 그러나 하늘에 계신 "우리 아버지"라는 말은 여기 주기도문에만 있습니다. 하나님을 "우리의 아버지"라고 부른다는 말은 하나님께 나가서 이렇게 기도하는 사람들이 특별한 공동체를 이루는 사람들이라는 말입니다. 말 그대로 "우리"라는 말이지요. 하나님이 나의 아버지일 뿐 아니라, 너의 아버지이시고, 우리가 같이 모여서 부르는 우리들의 아버지라는 말이지요. 예수님은 이렇게 함으로써 예수님의 제자들은 한 아버지를 모시고 있는 특별한 공동체인 것을 강조하신 것입니다. 주님이 가르쳐 주신 기도는 하나님께 대한 간구인 전반부와 인간의 필요에 대한 간구인 후반부로 그 내용이 나누어집니다. 그런데 사람의 필요에 대한 간구에서도 계속해서 "우리" "우리" "우리"의 입장에서 기도할 것을 가르치십니다. 우리에게 일용할 양식을 주옵시고, 우리의 죄를 사하여 주옵시고, 우리를 시험에 들게 하지 마옵시고, 우리를 악에서 구하옵소서 하고 기도하라고 하신 것입니다.

공동체로서 드리는 기도

예수님의 의도는 공동체 의식을 가지고 기도하라는 것입니다. 하나님은 나에 대해서 관심이 있으신 아버지이시지만, 동시에 너에 대해서도 관심이 있으신 아버지입니다. 결국 우리에 대해서 관심이 있으신 아버지이십니다. 기도하는 사람들이 범하기 쉬운 위험 가운데 하나가 기도를 철저하게 이기적으로만 할 수 있다는 사실입니다. 자기 자신의 문제에만 집착하는 것이지요. 그러나 주님은 기도를 자기 자신의 문제에만 집착하여 하지 말고, "우리"에 관심을 갖고 할 것을 가르치셨습니다. 우리 모두가 하나의 공동체라는 의식을 갖고 기도하는 것이 중요합니다.

신자는 반드시 기도 공동체, 예배 공동체, 신앙 공동체를 이루게 됩니다. 그러므로 기도는 개인적인 경건행위에 그쳐서는 안 됩니다. 공동체의 신앙 행위로 나아가야 합니다. 사실 예수님이 이루신 구속사의 궁극적인 지향점은 구원받은 각 개인이 아니라, 그들로 이루시는 공동체에 있습니다. 기도 공동체라는 말은 물론 여러 사람이 한 자리에 모여서 교회 이름으로 함께 기도하는 것을 말합니다. 그것이 기도 공동체의 모습입니다. 그러나 기도 공동체가 되기 위해서는 언제나 장소적으로 한 곳에서, 시간적으로 함께 기도하는 외형을 갖추어야만 하는 것은 아닙니다. 골방에 들어가서 혼자 기도하지만 공동체의 기도를 얼마든지 할 수 있습니다. 기도원에 가서 혼자 기도하지만 나 혼자가 아니라 우리 교회로서 기도할 수 있습니다. 교회의 문제를 가지고 교회 지체들을 끌어안고 가서 나 혼자 기도할 때 기도하는 사람은 나 혼자이지만 기도하는 내용과 본질적인 성격은 공동체의 기도라고 할 수 있습니다. 저는 제가 사역하던 교회에서 "정오의 중보기도"라는 이름으로 수년 동안 교인들의 기도를 인도한 적이 있습니다. 교인들 가운데서 지원자들로 정오의 중보기도팀을 구성하여, 매일 낮 12시가 되면 주일날 나누어 가진 요일별 기도 제목 목록을 가지고 자기가 있는 자리에서 5분 정도 기도하는 것입니다. 각각 흩어져서 가정이나 직장이나 길에서 개인별로 기도하지만 그러나 그 교회의 이름으로 공동체의 기도 제목을 함께 하는 것입니다. 저는 그 기도 운동을 교회는 공동체임을 구현하는 오늘날의 한 방식으로 실행하였습니다. 기도 공동체는 기도의 외형은 물론 기도의 내용에 의해서도 그 성격이 결정되는 것입니다.

그러므로 예배 시간에 하늘에 계신 우리 아버지여 하면서 기도를 시작할 때는 지금 여기 같이 모여서 기도하고 있는 이 무리들을 마음에 떠올리며 기도해야 됩니다. 누구누구 개인의 얼굴은 아니지만 우리 모두가 하나의 공동체로서 하나님 앞에 나아가고 있다는 사실, 내가 이 공동체의 일원으로서 하나님의 이름을 부르고 있다는 사실, 하나님은 우리의 아버지이시라는 사실을 의식하고 그런 생각을 자꾸 하면서 기도해야 합니다. 그렇게 하는 동안 우리 가운데 누가 심각한 문제가 있다 할 때 그 문제가 나와 관계 없는 멀리 있는 다른 사람의 문제가 아니라 나의 문제로 다가오고 나의 문제로 실감이 납니다. 그래서 내 문제처럼 기도할 수 있게 됩니다. 하나님은 나 개인은 물론 하나님을 우리 아버지라 부르는 이들이 모인 이 특별한 공동체, 다시 말하면 "우리"에게 관심이 있으신 "우리 아버지"라는 사실을 기억하라는 것이 주님이 가르쳐 주신 기도의 중요한 내용입니다.

이렇게 볼 때 분명해지는 것은 주님이 가르쳐 주신 기도문은 어떤 종파들에서 아무 의미 없이 혹은 그 의미에 대한 관심도 없이 그냥 앉아서 외우는 염불과 같이 외우기만 하면 안 된다는 사실입니다. "하늘에 계신 우리 아버지여" 하고 기도를 시작할 때마다 나는 지금 하나님을 상대로 이 기도를 하고 있다는 사실, 이 기도를 드리는 하나님은 아버지시요 동시에 하늘에 계시는 분이시라는 사실, 나는 이 기도를 하나님의 특권을 받은 자녀들이 기도 공동체로서 드리는 우리의 기도로 우리의 아버지께 드리고 있다는 사실을 의식하고 확인하고 고백하고 느끼며 기도를 하도록 의지적으로 애를 써야 합니다. 그리하여 우리의 기도는 이방인들이 중언부언함으로 자기 공력을 쌓아서 소원을 성취하려는 기도와 다르고,

사람들을 상대로 사람에게 보여주고 인정받기 위해서 하는 종교적 위선자들의 기도와도 다르게 됩니다. 이런 점에서 볼 때 우리 신자들이 누리는 기도의 보람과 감격과 즐거움은 그 기도가 응답될 때 비로소 주어지는 것이 아니라, 기도 그 자체가 이미 감격이고 즐거움이고 은혜입니다.

묵상을 위한 질문

1 우리가 하나님을 아버지라고 부르며 기도를 시작할 수 있다는 사실은 어떤 점에서 우리에게 은혜와 감격이 됩니까?

2 기도의 시작을 "하늘에 계신 우리 아버지여" 하고 하나님을 부름으로 시작하는 중요한 의미는 무엇입니까?

3 하나님을 "하늘에 계신 우리 아버지"라고 부르는 것이 주님께서 가르쳐 주신 기도를 하는 사람에게 하나님께 대하여 분명하게 가르쳐 주는 4가지 사실은 무엇입니까?

신자의 간구

03

아버지의 이름이
거룩히 여김을
받으소서

-
-
-

¹ 웃시야 왕이 죽던 해에 내가 본즉 주께서 높이 들린 보좌에 앉으셨는데 그의 옷자락은 성전에 가득하였고
² 스랍들이 모시고 섰는데 각기 여섯 날개가 있어 그 둘로는 자기의 얼굴을 가리었고 그 둘로는 자기의 발을 가리었고 그 둘로는 날며
³ 서로 불러 이르되 거룩하다 거룩하다 거룩하다 만군의 여호와여 그의 영광이 온 땅에 충만하도다 하더라
⁴ 이같이 화답하는 자의 소리로 말미암아 문지방의 터가 요동하며 성전에 연기가 충만한지라
⁵ 그 때에 내가 말하되 화로다 나여 망하게 되었도다 나는 입술이 부정한 사람이요 나는 입술이 부정한 백성 중에 거주하면서 만군의 여호와이신 왕을 뵈었음이로다 하였더라
⁶ 그 때에 그 스랍 중의 하나가 부젓가락으로 제단에서 집은 바 핀 숯을 손에 가지고 내게로 날아와서
⁷ 그것을 내 입술에 대며 이르되 보라 이것이 네 입에 닿았으니 네 악이 제하여졌고 네 죄가 사하여졌느니라 하더라

　　이사야 6:1-7

⁸ 네 생물은 각각 여섯 날개를 가졌고 그 안과 주위에는 눈들이 가득하더라 그들이 밤낮 쉬지 않고 이르기를 거룩하다 거룩하다 거룩하다 주 하나님 곧 전능하신 이여 전에도 계셨고 이제도 계시고 장차 오실 이시라 하고

　　요한계시록 4:8

하나님에 대한 세 가지 간구

예수님이 가르치신 기도는 먼저 하나님에 대하여 세 가지를 간구하고 그 다음에 인간에 대한 네 가지 간구를 하도록 되어 있습니다. 하나님에 대한 세 가지 간구는 첫째가 이름이 거룩히 여김을 받으시라는 것이고, 그 다음에는 하나님의 나라가 임하시라는 것이고, 마지막 세 번째가 하나님의 뜻이 이 땅에서도 이루어지라는 것입니다. 이 세 가지 간구 가운데서 이름이 거룩히 여김을 받으시기를 간구하는 것을 제일 앞에 놓으셨습니다. 아래에서 보는 바와 같이 "이름이 거룩히 여김"을 받는다는 것은 하나님의 존재와 관련된 것입니다. 하나님은 어떤 분이신가 하는 것을 분명히 하는 것이지요. 그 다음에 "하나님의 나라"가 임한다는 것은 하나님의 통치권이 행사되는 것을 말합니다. 마지막으로 "하나님의 뜻"이 이루어진다는 것은 하나님의 계획과 목적이 성취되는 것을 말합니다. 그런데 주님은 하나님의 존재가 밝히 드러날 것을 원하는 간구를 가장 먼저 하도록 하셨습니다. 이것은 하나님 자신이 무엇보다도 우선이고 중요하고 근본이라는 의미입니다.

: 55 아버지의 이름이 거룩히 여김을 받으소서

존재 자체를 가리키는 이름

주님은 우리가 드려야 할 간구의 첫 대목에 하나님의 이름이 거룩히 여김을 받기를 구하라고 하셨습니다. 이름 자체에 거룩한 이름이 있고, 속된 이름이 있고, 복된 이름이 있고, 빌어먹을 이름이 있고 그럴까요? 세상 사람들은 그렇다고 믿습니다. 사람들은 그 이름의 글자 자체와 그 이름의 발음 자체, 혹은 획수에 따라 복이 있는 이름이 있고, 저주를 갖고 오는 이름이 있고, 재수있는 이름이 있고, 복을 떨쳐내는 이름이 있다고 합니다. 그래서 수백만 원, 혹은 이름의 획 하나에 수십만 원씩 주고 이름을 짓는 사람들이 있습니다. 어떤 경우는 재수 있는 이름으로 불리기 위해서 복잡한 절차를 마다않고 그동안 불려왔던 호적의 이름을 개명 절차를 밟아서 다시 올리는 사람도 있습니다. 그런데 이름이 그럴 수 있습니까? 이름은 그저 쓰기 좋고 부르기 좋으면 그만입니다. 이름 자체가 복을 불러 오거나 저주를 불러 오거나 하지 않습니다. 이름 자체가 거룩하거나 속되거나 그럴 수도 없습니다.

그런데 예수님은 하나님의 이름이 거룩하다고, 하나님의 이름이 거룩하다는 것이 인정되고 받아들여지고 고백되게 해달라고 간구할 것을 가르치셨습니다. 이게 무슨 말일까요? 우리가 성경을 볼 때 상식 수준에서도 말이 안 되는 내용이 나올 때는 그런가 보다 하고 넘어갈 것이 아닙니다. 왜 상식적이지 않은 말씀을 하셨는지 성경에 물어 보아야 합니다. 그래야 그 다음에 아! 하고 그렇게 말씀하신 하나님의 의도와 뜻을 깨달아 알아 가는 것입니다.

사도 바울도 로마서 2장에서 "너희를 인하여서 이방인 가운데서 하나님의 이름이 모독을 당한다"고 말합니다. 시편 여러 곳에서도 하나님의 이름을 가지고 말합니다. 오늘 읽은 시편 115편에도 "영광을 우리에게 돌리지 마옵소서. 주의 이름에 영광을 돌리시옵소서" 합니다. 왜 그랬을까요? 무슨 말씀일까요? 성경에서 이름이라는 것은 단순히 이름을 적어놓은 글자를 의미하는 것이 아닙니다. 성경에서 하나님의 이름을 말할 때 그것은 언제나 하나님 자신을 지칭합니다. 그 이름이 가리키는 존재 자체를 말하는 것입니다. 하나님의 전 인격, 하나님 자신을 말하는 것입니다. "주의 이름에 영광을 돌리시 옵소서"라는 말은 하나님이라는 그 글자나 발음에 그리하는 것이 아닙니다. 그 이름으로 우리가 알고 있는 하나님 자신에게 영광을 돌리시라고 하는 것입니다. 시편 75편 1절에서 시인은 "하나님이여 우리가 주께 감사하고 감사함은 주의 이름이 가까움이라"고 말합니다. 이것은 다름 아닌 하나님 자신의 임재를 가리키는 것입니다. 그러니까 언제든지 하나님의 이름이 나오면 우리는 그 글자가 아니라, 그 이름으로 불리는 하나님 자신을 생각해야 합니다. 하나님의 전 인격, 존재 자체를 의미한다는 것을 기억해야 합니다. 우리 일상생활에서 이름을 말할 때도 마찬가지 아닙니까? 예를 들어 "네 아버지 이름을 더럽히지 말아라"는 말은 아버지 이름 써 놓고 거기에다 진흙으로 칠하지 말라는 말이 아니지요. 아버지의 인격, 그 존재 자체에 누를 끼치지 말라는 말이지요.

예수님께서는 그의 마지막 기도인 요한복음 17장에서 이렇게 기도하셨습니다. "세상 중에서 내게 주신 사람들에게 내가 아버지의 이름을 나

: 57 아버지의 이름이 거룩히 여김을 받으소서

타내었나이다"(6절). 예수님이 아버지의 이름을 나타내었다는 말은 사람들을 모아 놓고 "하나님의 이름은 이것이다" 하고 이름자를 알려주었다는 말이 아닙니다. 그렇게 가르친 적이 없습니다. 하나님 자신을 보여주었다는 말입니다. 하나님이 어떤 분인가를 알게 해주었다는 말이지요. 그런데 예수님이 기도를 가르치면서 첫 대목에 하나님의 이름이 거룩히 여김을 받으실 것을 기도하라고 가르치십니다. 그러므로 이 말씀은 하나님의 존재가 거룩히 여김을 받으시도록 기도하라는 말씀인 것이지요.

거룩하신 하나님

여기서 예수님은 하나님과 거룩을 연결시켜 말씀합니다. 성경에서 "거룩"이라는 말은 "다르다", "구별된다"는 말입니다. 하나님이 거룩하시다는 말은 그 분이 다르다는 의미입니다. 근본적으로, 질적으로 다르다는 의미입니다. 척 보면 구별이 된다는 말입니다. 키 큰 사람과 키 작은 사람은 척 보면 구별이 되지 않습니까? 말할 필요가 없습니다. 척 보면 차이가 나는 것은 그냥 알 수가 있는 것입니다. 척 보면 저절로 드러난다는 것입니다. 이것이 거룩입니다. 구별된다는 것입니다. "안식일을 구별하여 거룩하게 지키라." 척 보면 그 날은 다른 날하고는 다르다는 것이 그냥 저절로 알아지게 그 날을 보내라는 것입니다. 월요일인지, 화요일인지, 주일인지 구별이 안 되게 하지 말고 척 보면 "아! 저 사람 오늘은 다른 날이구나" 하고 확인할 수 있도록 보내라는 것이지요. 그것이 구별입니다.

결국 하나님의 이름이 거룩히 여김을 받으시기를 간구한다는 것은 무엇보다도 먼저, 나 자신이 하나님은 거룩하신 존재이심을 고백하는 것입니다. 그리고 하나님이 거룩하신 분이요, 하나님은 구별된 분이시요, 하나님은 그 존재가 질적으로 다른 분이심이 인정되게, 드러나게, 고백되게, 받아들여지게 해달라고 소원하는 것입니다. 이 말은 하나님이 지금까지는 거룩하지 않은 분이었는데 이제 거룩하게 해달라는 기도가 아닙니다. 또 하나님이 지금까지는 이것도 아니고 저것도 아닌 중립인데 이제 비로소 거룩한 쪽으로 되게 해달라는 기도도 아닙니다. 하나님은 거룩한 분입니다. 창세전부터 하나님은 거룩하셨습니다. 영원무궁토록, 영원 전부터 영원 끝까지 하나님은 거룩한 분입니다. 그 존재가 거룩을 떠나서는 인식될 수가 없어요. 존재 자체가 거룩입니다. 그러니까 우리가 굳이 하나님을 거룩하다고 인정해 줘서 하나님이 거룩해지고 하나님의 거룩함을 인정해 주지 않으면 하나님이 아직 거룩하지 않은 상태로 있는 것이 아닙니다. 무지한 인생들이 이 거룩한 분을 몰라보는 것뿐입니다. 그래서 이 거룩한 분의 거룩함을 앎으로 받을 수 있는 은혜를 자꾸 놓칩니다. 바로 그것이 인간에게 가장 큰 불행이기도 합니다. 하나님이 거룩하시다는 것을 인정받지 못해서 그분이 손해를 보시는 것이 아닙니다. 하나님이 거룩하신 분이라는 것을 인생들이 앎으로 누릴 엄청난 은혜가 있는데 인간들이 하나님의 거룩하심을 몰라서 엄청난 손해를 보는 것입니다. 은혜를 누리지 못합니다. 그러므로 이 간구는 하나님의 유익을 위해서 하는 것이 아닙니다. 하나님이 거룩한 분이시라는 것을 알고 인정하고 체험하고 고백하고 실감함으로 말미암아 사람들이 받을 은혜를 염두에 두고 그렇게 기도하는 것입니다.

: 59 아버지의 이름이 거룩히 여김을 받으소서

우리가 하나님의 거룩함을 인정하건 안 하건 하나님은 거룩하신 분입니다. 이것이 드러나게 해달라는 것입니다. 이 진리를 알고 인정하게 해달라는 것입니다. 그러면 하나님이 거룩하다는 것을 누가 인정해야 된다는 것입니까? 넓게는 모든 피조물이 하나님의 거룩함을 인정해야 하고, 또 모든 인생들이 하나님의 거룩하심을 인정해야 합니다. 그런데 특별히 하나님을 "하늘에 계신 우리 아버지여"라고 부르는 사람들, 제자들이 이 사실을 인정하고 고백해야 한다는 것입니다. 그것을 인정하고 고백하고 실감하며 살게 해달라고 말하는 것입니다. 그러므로 이 간구를 조금 바꾸어서 이렇게 말할 수도 있습니다. "하늘에 계신 우리 아버지여, 하나님을 아버지라 부르는 우리가 하나님의 이름이 거룩한 것을, 하나님은 거룩한 분이라는 것을 인정하게 하옵소서"라고 말하는 것입니다.

하나님의 거룩하심

하나님이 거룩한 분이라는 것은 앞에서 말한 대로 존재가 구별되는 분이라는 말입니다. 질적으로 다르다는 말입니다. 다른 말로 하면 초월적인 존재라는 말입니다. 어떤 점에서 질적으로 다른 것입니까? 그 존재의 방식에 있어서, 성품의 참되심에 있어서, 의로우심에 있어서, 진실하심에 있어서, 높으심에 있어서, 인자하심에 있어서, 전지하심에 있어서, 무한하심에 있어서, 능력에 있어서... 우리 인생들과는 질적으로 다른 하나님입니다. 뿐만 아니라, 다른 어떤 신들과도 하나님은 다른 분, 곧 구별되는 분입니다.

요즈음에 너무나 많은 신자들이 하나님을 "사랑의 하나님"이라는 사실로만 편협되게 강조하여 마치 하나님을 아무렇게나 대해도 괜찮은 이웃집의 인자한 할아버지와 같은 이미지로 왜곡하는 것은 대단히 잘못된 현상입니다. 하나님의 절대적인 권위와 초월성과 거룩성을 강조하거나, 경외와 두려움의 대상으로서 하나님을 설교하면 현대 교인들에게는 부담이 되고 저들의 거리낌을 받을 수 있으니 삼가는 것이 좋다고 말하는 이들이 있습니다. 하나님을 우리의 친구, 우리의 처지를 이해하고 동정하시는 분, 우리 안에서 우리와 함께 하시는 분, 위로의 하나님으로 설교하여 교인들을 위로하고 격려하고 안심시키는 설교를 해야한다고 합니다. 그러나 그것은 어리석은 짓입니다. 그리고 나쁜 짓입니다. 하나님은 긍휼의 하나님이지만 동시에 공의의 하나님입니다. 사랑의 하나님이지만 동시에 진노하시는 하나님입니다. 자비의 하나님이지만 동시에 심판의 하나님입니다. 우리 곁에 계시지만 동시에 초월하여 계시는 하나님입니다.

거룩하심에 대한 반응

1. 경배

우리가 하나님은 우리와는 다른 거룩하신 분이라는 사실을 확인하게 되면 그 다음에 어떤 반응이 나타날까요? 깜빡 죽는 모습일까요? 예, 맞습니다. 아이구, 하나님! 하고 엎어지는 것입니다. 바로 경배하는 것입니다. 경배의 원래 뜻이 그 앞에 납작 엎드러진다는 말입니다. 어이구, 하나님! 하고 엎어지는 것입니다. 하나님의 거룩하심은 언제나 우리 안에 우리와는 초월하시는 하나님의 존재에 대한 두려움 즉 경외심을 불러일으킵니다. 이사야서 6장에 보면 선지자 이사야가 하나님의 거룩하심을 확인하자 바로 그렇게 되었습니다. "화로다 나여 망하게 되었도다!" 우리가 그렇게 되는 것입니다. 멋모르고 하나님께 대들었다가 척 보니까 이건 아니거든요. 하나님이 누구이신가를 확인하게 된다는 것입니다. 그 순간에 본능적으로 나타나는 즉각적인 반응이 무엇입니까? 납작 엎드러지는 것입니다. 그것이 바로 경배입니다. 그러니까 하나님이 누구신가를 아는 사람, 하나님의 거룩함을 아는 사람이 본능적으로 쏟아내는 반응이 경배입니다. 그러므로 하나님을 향한 경배는 그 안에 하나님 앞에서 확인하는 나 자신에 대한 고백과 그에 대한 탄식을 포함하게 됩니다. 그것은 공포심이나 위협심과는 다른 것입니다. 이것은 자기 자신의 확인과 하나님에 대한 확인에서 오는 탄성입니다.

2. 찬양

하나님은 나와는 다른 거룩한 분이라는 확인이 자연히 불러일으키는 두 번째 반응은, "하나님은 과연 나보다 높으십니다." "하나님은 나와는 다르십니다"라는 고백입니다. 하나님은 어떤 분이신가, 하나님이 나와는 얼마나 다른 분인가를 고백하고 그 하나님을 높이는 것입니다. 그것이 찬양입니다. 찬양은 흥이 나고 열이 나서 노래하는 것이 아니고, 하나님이 어떤 분이라는 것을 고백하는 것입니다. "하나님은 높으신 분입니다. 하나님은 인생이 아니십니다. 하나님은 땅에 오실 수 없는 분입니다"라고 고백하는 것이지요. 하나님의 다르심과 초월하심 앞에서 납작 엎드리는 것이 경배요, 하나님의 높으심을 고백하는 것이 찬양입니다.

3. 경외와 영광 돌림

그래서 어떻게 하는 것이지요? 하나님을 경외하게 됩니다. 그래서 어떻게 됩니까? 하나님을 영광스럽게 합니다. 이것이 하나님의 이름, 곧 하나님을 거룩하게 한다는 말입니다. 하나님의 이름을 잘 써서 액자에 넣어서 금박 테두리로 족자를 해서 걸어 놓고 하루에 세 번씩 절하는 것, 그런 것을 말하는 것이 아닙니다. 여호와 닛시, 여호와 샬롬, 여호와 삼마라고 하나님의 이름을 써서 걸어 놓고 그것을 소중히 여기거나 그것에 절하거나 하는 것이 하나님의 이름을 거룩히 여기는 것이 아닙니다. 하나님이 어떤 분인가를 인정하고 그 앞에 엎드러지고 그분을 높이고 그가 어떤 분인가를 고백하고 그래서 하나님을 존중히 여기고 하나님을 영광스럽게 하는 것이 하나님의 이름을 거룩하게 여기는 것입니다. 그것이 하나님이 거룩히 여김을 받으시는 모습입니다.

하나님의 이름을 거룩히 여기는 구체적인 방법들

하나님의 이름을 거룩하게 여기는 것이 그런 것이라면 하나님을 거룩히 여기는 구체적인 방법이 어떤 것들인가는 자명해집니다. 우리 입으로 하나님을 인정하는 것입니다. 그리고 예배를 통하여 하나님이 어떤 분인가가 드러나고 고백되고 실감되도록 하는 것입니다. 이렇게 보면 우리의 고백과 예배가 참으로 중요합니다. 그리고 하나님이 거룩하시다는 것을 모든 사람이 인정하고 모든 피조물들이 인정하게 하는 것입니다. 다른 사람들이 하나님은 거룩한 분이라는 사실을 어떻게 알아보고 또 인정할 수 있게 되겠습니까? 하나님을 거룩히 여기는 사람들이 사는 모습을 보고 그렇게 할 수 있습니다. 결국 우리의 삶을 통해서 하나님이 거룩한 분이라는 것이 입증되고 인정되고 고백되어야 하는 것입니다. 사도 바울이 로마서 2장 24절에서 그렇게 말했습니다. "하나님의 이름이 너희로 인하여 이방인 중에서 모독을 받는도다." 이게 무슨 말입니까? 하나님이 이방인들에 의해서 모독을 받게 되는 결정적인 근거가 무엇이라는 것입니까? 우리의 삶, 우리의 행동으로 그런 일이 일어난다는 것입니다. 우리가 어떻게 사는가 하는 것을 보고 이런 일이 일어난다는 것이지요. 하나님의 이름이 사람들 가운데서 모욕을 받는가, 아니면 거룩히 여김을 받는가 하는 것이 "너희로 인하여" 결정된다고 말하고 있는 것입니다.

오늘날 한국 사회 안에서 하나님의 이름은 모독을 받습니까, 아니면 거룩히 여김을 받습니까? 한국 언론을 통해서 하나님의 이름이 모독을 받을 때가 많습니까, 아니면 거룩히 여김을 받을 때가 많습니까? 지금 어느 때보다도 큰 모욕을 받고 있다는 사실을 부인할 수 없을 것입니다. 불신 사회나 언론인들이 그런 평가를 하는 근거는 어디에 있습니까? 그들이 성경을 연구하고 나서 그렇게 결론을 내리는 것입니까? "너희를 인하여"입니다. 여기의 "너희"가 누구입니까? 신자들입니다. 주기도문의 표현을 빌리면, 하나님을 "하늘에 계신 우리 아버지여"라고 부르는 사람들입니다. 바로 우리들입니다. 사도 바울의 "하나님의 이름이 너희로 인하여 이방인 중에서 모독을 당한다"는 진술은 사실은 어떻게 되어야 하는 것입니까? "너희로 인해서 하나님의 이름이 이방인가운데서 거룩히 여김을 받는도다!" 이렇게 되어야 하는데 반대로 된 것입니다. 그러므로 하나님의 이름을 거룩히 여긴다는 것, 하나님을 거룩히 여긴다는 것은 단순한 지식 차원의 일이 아닙니다. 단순한 신학적 고백이나 신학적 입장의 문제에 그치는 일이 아닙니다.

"아버지의 이름이 거룩히 여김을 받으시오며"라는 첫 간구는 결국 하나님은 그 존재에서 우리 인생과 얼마나 질적으로 다른 분이시며, 초월하신 분이시며 두려우신 분이신가를 알고 고백하고 실감하고 그리하여 그 앞에 엎드려 경배하며 그 존귀하심을 높이며 찬양하고, 그리하여 하나님을 존귀하게 하며 영광스럽게 하는 일을 입으로, 예배 행위로, 그리고 일상의 삶으로 드러내야 한다는 것을 의미합니다. 그러므로 우리가 주기도문의 첫 마디에 하나님을 향하여 "당신의 이름이 거룩히 여김을 받으시오며"라고 간구하는 것은 사실은 적어도 세 가지의 중요한 내용을 담고 있습니다. 첫째, 하나님은 거룩하신 분이시라는 우리 자신의 고백과 선언입니다. 둘째, 우리가 하나님은 거룩한 분이라는 사실에 걸맞게 살겠다는 결단입니다. 셋째, 세상이 하나님은 거룩하신 분임을 알게 하는 책임을 감당하겠다는 약속입니다. 그러므로 이 간구는 우리는 가만히 있고 하나님이 무엇인가를 하시도록 하는 청원에 그치는 것이 아니라, 우리가 그 일이 이루어지게 하는 일에 적극적으로 참여할 것을 결단하는 선언이기도 한 것입니다.

이루어내는 원동력

하나님의 거룩하심이 드러나게 하는 위와 같은 일들은 어떻게 해서 가능하게 될까요? 하나님의 이름 곧 하나님의 거룩하심이 드러나게 하는 구체적인 방편은 우리 신자들입니다. 고백하고, 선언하고, 경배하고, 찬양하고, 삶으로 드러내야 하는 구체적인 주체는 우리입니다. 그러나 우리가 그 일을 할 수 있도록 하고, 우리를 통하여 그러한 일이 일어날 수 있도록 해주는 원동력은 어디로부터 오느냐 하는 것입니다. 하나님께로부터 옵니다. 하나님께서 그 일을 해주셔야 하는 것입니다. 우리가 우리의 힘으로 하는 것이 아닙니다. 하나님의 도움 없이는 그 일을 할 수 없다는 것을 인정하는 것입니다. 그러므로 우리가 하나님의 거룩하심을 드러내는 일과 어떠한 관련을 맺게 된다는 사실은 그 자체로 이미 놀라운 은혜입니다. 내가 하나님은 거룩하신 분이심을 인정하고 고백하고 선언하고 있다는 사실이 이미 하나님께서 원동력이 되어 역사하셔서 일어난 일이라는 사실이 얼마나 놀라운 은혜입니까? 우리가 하나님은 거룩하신 분이심을 믿을 뿐만 아니라, 그 사실을 근거 삼아 어떤 행동을 취한다는 사실, 그 사실이 세상에서 드러나도록 하기 위하여 어떤 삶을 살아야 한다는 의식을 갖고 어떤 몸짓을 하며 하루하루를 살아간다는 것이 사실은 하나님이 우리 안에서 이미 역사하셔서 이루어지고 있는 일인 것입니다. 이 사실이 우리를 얼마나 감격하게 합니까? 그러한 사실은 동시에 비록 연약하고 무능한 우리이지만 하나님께서 우리를 통하여 자신이 거룩하신 분이심을 세상에 드러내시는 원동력으로 역사하신다는 확실한 보증이 되기도 합니다.

그러므로 "하늘에 계신 우리 아버지여 이름이 거룩히 여김을 받으시오며"라고 기도하라고 가르치신 예수님의 깊은 의도는 아버지의 이름이 거룩히 여겨지는 것이 하나님의 역사로 말미암아 우리를 통하여 일어나게 해달라는 간구이고 또 약속입니다. 그러니까 우리는 어떻게 해야겠습니까? 우리는 하나님을 거룩하게 여기는 삶을 내가 살아야 할 책임을 걸머진 사람이라는 것을 인정하는 것뿐만 아니라, 나를 그러한 삶을 살도록 도와줄 힘이, 그 원동력이 하나님으로부터 온다는 사실을 인정해야 합니다. 그래서 그것 자체를 기도해야 합니다. 그리하여 하나님의 이름 앞에서 우리가 내리는 최종 결론이 시편 115편의 기자가 첫마디에 고백한 그대로입니다. "여호와여 영광을 우리에게 돌리지 마옵소서. 우리에게 돌리지 마옵소서. 오직 주의 인자하심과 진실함을 인하여 주의 이름에 돌리소서." "여호와의 영광을 어떠한 경우에도 우리에게 돌리지 마옵소서. 우리에게 돌리지 마옵소서. 여호와의 이름에 돌리소서."

묵상을 위한 질문

1 하나님의 이름이 거룩하다는 말이 의미하는 것은 무엇입니까?

2 하나님의 이름이 거룩히 여김을 받으시기를 구하는 간구에 함축되어 있는 3가지 내용은 무엇입니까?

3 하나님이 거룩히 여김을 받으시는 일이 일어나게 하는 구체적인 방편은 무엇이며 그 일이 일어나게 하는 원동력은 누구입니까?

신자의 간구

04

아버지의
나라가
임하소서

-
-
-

¹⁴ 요한이 잡힌 후 예수께서 갈릴리에 오셔서 하나님의 복음을 전파하여
¹⁵ 이르시되 때가 찼고 하나님의 나라가 가까이 왔으니 회개하고 복음을 믿으라 하시더라

　마가복음 1:14-15

예수님의 가르침과 사역의 핵심 : 하나님 나라

주님께서 가르치신 하나님을 향한 두 번째 간구는 "나라가 임하시오며" 입니다. 예수님께서 오셔서 이 땅에서 선포하신 복음의 핵심은 하나님의 나라입니다. 주님께서 이 땅에서 사역하신 그 기간 동안, 부활하신 후 40일 동안, 그리고 승천하셔서 다시 오실 때까지 행하시는 그의 사역의 일관된 핵심은 바로 하나님의 나라입니다.

우리가 읽은 마가복음 1장 15절에도 예수님이 선포하기 시작한 복음의 핵심이 "하나님의 나라"라고 말하고 있습니다. 복음서의 공통된 핵심은 하나님의 나라입니다. 물론 용어가 좀 다르긴 합니다. 마태복음에서는 하나님의 나라라고 하지 않고 "하늘나라"라고 합니다. 마태복음은 유대인을 상대로 쓴 복음서인데, 유대인들은 하나님을 경외하는 마음으로 하나님의 이름을 함부로 입에 담는 것을 금기시했습니다. 그래서 마태복음에서는 하나님의 이름을 직접 부르는 것을 피하기 위해서 하나님의 나라라고 하지 않고 하늘나라라고 했습니다. 그러나 하나님의 나라나 하늘나라는 같은 말입니다. 마태복음에서는 '하늘나라'라는 말이 49

번 나옵니다. 그리고 '하나님 나라'가 마가복음에서는 16번, 누가복음에서는 38번입니다. 공관복음서 모두 예수님의 사역과 가르침을 요약할 때 하나님의 나라를 선포했고, 하나님의 나라를 임하게 했고, 하나님의 나라와 백성을 확장해 나갔다고 진술합니다. 예수님의 사역을 하나님의 나라와 관련된 것으로 설명하고 있습니다. 사도행전도 마찬가지입니다. 예수님은 부활하신 이후 40일 동안 시간과 공간을 초월하여 바삐 다니셨습니다. 여기도 나타나시고 저기도 나타나셨습니다. 바닷가에도 나타나시고, 집에도 나타나시고, 길에서 제자들을 만나시고, 음식도 드시고 여러 일들을 하셨습니다. 그런데 누가는 사도행전 1장 첫머리에서 예수님이 부활하신 후 40일 동안 하신 다양한 일들을 두고 "하나님 나라의 일을 말하면서 40일 동안 다니셨다"고 한 마디로 요약 합니다. 요한계시록에 가면 예수님께서 요한에게 직접 말씀하시고 계시를 보여 주셨는데 요한계시록의 핵심도 마지막에 하늘에서부터 내려오는 새 예루살렘이라는 상징으로 보인 하나님의 나라였습니다. 복음서에서는 하나님의 나라를 두고 이것이라고 직접적으로 정의한 곳이 없습니다. 복음서에서는 하나님 나라에 대하여 설명을 합니다. 그 설명을 위하여 특히 비유를 많이 동원하십니다. 하나님의 나라는 겨자씨와 같은 것이다, 하나님의 나라는 잔치를 베푼 집이다, 등등 여러 면면을 비유를 통해서 하나님의 나라를 설명합니다. 요한계시록에서는 복음서와는 다르게 직접 하나님의 나라를 보여줍니다. 그래서 보좌가 있고, 어린양이 있고, 24장로가 있고, 4생물이 있고, 천군 천사가 있고, 흰옷을 입은 그곳에 온 백성이 있고, 찬양과 경배가 드려지고 등등 천국의 모습을 직접 보여주고 있습니다. 그런데 이러한 일이 일어나는 핵심에 예수 그리스도가 있습니다. 여하튼 천국을 비유로 설명하든 보여주든, 예수님의 지상에서의 사역, 부활 후의 사역, 천상에서의 사역 모두가 다 하나님의 나라에 초점이 맞추어져 있습니다.

누구의 나라인가? : 하나님의 나라

이미 본 것처럼 예수님은 기도를 가르치시면서 맨 처음에 하나님의 이름 곧 하나님의 존재에 대해서 기도할 것을 가르치셨습니다. 그리고 여기 두 번째는 하나님의 나라에 대하여 기도하도록 가르치고 있습니다. 무엇보다도 나라가 임하소서라고 간구하라고 하십니다. 누구의 나라인가? 하나님의 나라입니다. 우리는 가장 먼저 하나님의 나라가 임할 것을 간구합니다. 그러나 실제의 삶에서 보면 의외로 하나님의 나라가 아니라, 나의 나라가 임하게 하려고 몸부림을 치곤합니다. 예수님이 이 기도를 가르치시는 당시의 바리새인들 그리고 이방인들의 가장 큰 문제도 그것이었습니다. 하나님이 아니라 자기 자신들에게 모든 초점을 맞추고 사는 것입니다. 하나님의 나라가 아니라 자기들의 나라, 자기가 주인공이 된 나라를 이루고 누리는 데 관심이 집중되어 있습니다. 그래서 이 기도를 가르치시는 것이지요. 그런데 오늘날 우리 신자들도 의외로 하나님의 나라가 아니라 우리 자신의 나라가 임하게 하는 일에 관심을 집중하는 경우가 많습니다. 누구의 나라가 임해야 될 것인가? 하나님의 나라입니다. 그러므로 우리가 기도할 때 기억하고 조심해야 합니다. 우리의 기도와 모습을 객관적으로 놓고 확인해 보아야 합니다. "나는 지금 입으로 말하고 있는 대로 또 입으로 기도하고 있는 대로 하나님의 나라가 임할 것을 간구하고 있는가, 하나님의 나라가 임하게 하려고 하는 사람인가, 아니면 사실은 내 나라가 임하게 하려고 기도도 하나님도 그 방편으로 사용하려고 하는 사람은 아닌가를 잘 살펴보아야 합니다.

하나님 나라의 본질 : 하나님의 통치

하나님의 나라는 구체적으로 무엇인가요? 하나님의 나라는 장소적인 개념이 아닙니다. 예수님이 임하기를 간구하라고 하신 하나님 나라의 본질은 하나님의 통치를 말합니다. 한국의 서울은 하나님의 나라이고 사형수들이 모여 있는 감옥은 하나님의 나라가 아니고 그런 것이 아닙니다. 어디든지 하나님의 통치권, 곧 하나님의 다스림이 이루어지는 곳이 하나님의 나라입니다. 하나님의 통치권이 받아들여지는 그곳에 하나님의 나라가 임하는 것입니다. 그러므로 하나님의 나라는 하나님과 나와의 관계에 근거한 나라이지 어느 지역적 경계선을 두고 말하는 나라가 아닙니다. 물론 마침내는 장소적인 나라로 임할 것입니다. 그러나 지금 우리에게 임하는 하나님의 나라는 어느 지역이 아니고, 하나님이 주인이고 왕이신 그 나라의 본질이 드러나는 것을 말합니다. 그 본질이라는 것이 다름 아닌 왕이 왕권을 행사하는 그것입니다. 하나님이 왕이고 그의 왕권이 행사되는 그곳이 바로 하나님의 나라입니다. 세상 권력의 본질은 적자생존을 요체로 합니다. 힘 있는 자는 살아남고 힘없는 자는 망하는 것입니다. 권세를 가진 사람은 승자가 되고 권세가 없는 자는 패자가 되는 것입니다. 세상의 권력은 억압과 강제와 무력을 통한 권력행사를 본질로 합니다. 그러나 하나님의 통치는 그렇지 않습니다. 하나님의 통치는 은혜의 통치입니다.

하나님 나라의 영역

하나님의 나라는 두 가지 개념으로 설명이 됩니다. 첫째는 하나님이 온 우주에 대해 통치권을 가지고 있으며 온 우주가 하나님께 속하여 있다는 의미에서 말하는 하나님의 나라입니다. 온 우주를 다스리는 권세는 창조 때부터 하나님께 속한 것이고, 하나님은 영원히 다스리고 계십니다. 그런 의미에서 보면 온 우주가 하나님의 나라입니다. 하나님의 다스림을 벗어나서 존재할 수 있는 어떤 피조물도, 어떤 공간도, 어느 시간도 없습니다. 그러나 또 다른 의미가 있습니다. 좀 더 좁은 의미에서 하나님의 통치를 말할 수 있습니다. 예수 그리스도로 말미암아 하나님의 백성이 된 사람들, 즉 예수 그리스도로 말미암은 구원과 관련하여 행사되는 하나님의 통치로 하나님의 나라를 말할 수 있습니다. 주님이 제자들에게 "나라가 임하시오며"라고 기도하라고 할 때의 하나님의 나라는 두 번째를 말하는 것입니다. 예수 그리스도로 말미암아 이루어지는 그 구원에 초점을 맞춘 하나님의 나라, 하나님의 통치입니다. 그런데 주기도문의 끝에 "나라와 권세와 영광이 아버지께 영원히 있사옵나이다"라고 간구할 때 그 나라는 우주적인 하나님의 통치라는 의미에서 하나님의 나라를 포함하여 말하는 것입니다. 그러므로 "하나님의 나라가 임하옵소서" 하는 간구는 그리스도로 말미암은 복음의 확장이 일어남으로 하나님의 통치권에 복종하는 사람들이 나타나고 그것이 온 세상으로 확장되는 것을 원하는 기도입니다.

하나님의 나라는 어떻게 임하는가?

하나님의 나라는 하나님의 통치가 시행됨으로 임하게 됩니다. 이것을 통치를 받는 대상의 입장에서 말하면 하나님의 통치에 순종함으로 하나님의 나라가 임한다고 할 수 있습니다. 내가 하나님의 다스림 곧 그의 말씀에 순종함으로 하나님의 나라가 나에게 임합니다. 그런데 이 순종은 무엇에서부터 시작하는가 하면 회개로부터 시작합니다. 그래서 오늘 읽은 마가복음 1장 15절에는 하나님의 나라가 임하는 것과 회개하는 것을 뗄래야 뗄 수 없는 관계로 붙여서 말씀하고 있습니다. "때가 찼고 하나님의 나라가 가까웠으니 회개하고 복음을 믿으라." 하나님의 나라가 임하는 것과 회개하는 것과 복음을 믿는 것을 필연적인 고리처럼 말씀하고 있습니다.

그런데 하나님의 나라가 임하기를 간구하는 것은 단순히 내 개인에게 하나님의 나라가 임하는 것만을 의미하는 것이 아닙니다. 이 말씀은 동시에 구원의 역사가 확장되어 가는 이 세상 현장에서, 마귀와 어두움의 세력들을 물리치고 하나님의 통치가 드러나서 하나님의 나라가 거기에 임하기를 간구하는 것을 포함합니다. 동시에 이러한 과정을 통해서 하나님의 나라가 점점 온 세계에까지 임하고, 사도행전의 말씀대로 하면 땅 끝까지 이 나라가 확장되어 가는 방식으로 하나님의 나라가 임하는 것을 의미합니다.

우리가 하나님의 나라가 임하는 수단이 아니라 오히려 거침과 저항의 주체가 되지 않도록 조심해야 합니다. 출애굽기 17장에는 하나님께서 이스라엘을 400년 애굽의 종살이에서 드디어 구출해내어 그 장엄한 구원역사를 시작하고 얼마 안 있어서 광야에서 일어났던 한 사건이 기록되어 있습니다. 르비딤에서 이스라엘을 치고 나와서 전쟁을 일으킨 아말렉 족속의 이야기입니다. 아말렉 족속은 하나님이 이끄시고 진행하시는 가나안을 향한 이 장엄한 역사의 진행을 정면으로 치고 나오며 거역한 최초의 사람들이었습니다. 하나님께서는 기적적인 방법으로 이스라엘이 그 싸움을 이기게 하셨습니다. 그리고 아말렉 사람들에 대해서 아주 무서운 말씀을 하셨습니다. "내가 아말렉을 없이하여 천하에서 기억도 못하게 하리라"(출 17:14). 그들을 이 땅에서 씨를 말려 버리겠다는 의미입니다. 하나님은 아말렉의 행위를 하나님께서 다스리시는 통치와 그분이 이끄시는 역사에 대한 거역으로 간주하셨습니다. 다른 말로 하면, 임하는 하나님 나라에 대한 반항과 거역으로 보신 것입니다. 그래서 그렇게 엄하고 철저하게 그들을 벌하실 것을 결정하신 것입니다. 후일에 사울 왕이 하나님께 버림받은 결정적 계기가 된 것도 이 아말렉을 진멸하라는 하나님의 명령을 거스린 것이었습니다. 우리가 불순종하여 하나님의 통치권에 거역함으로 하나님의 나라가 임하는 것을 거역하는 역할을 할 수 있습니다. 물론 우리가 하나님을 거역하여 하나님의 나라가 임하는 것을 좌절시킬 수는 없습니다. 인간이 하나님의 통치가 실패로 돌아가게 할 수 없습니다. 다만 우리가 임하는 하나님의 나라에서 제외될 뿐입니다. 하나님의 나라가 임함으로 주어지는 복을 누리지 못하게 될 뿐이지요.

우리가 하나님의 다스림과 통치를 인정하고 거기에 순종함으로 우리 자신에게 하나님의 나라가 임하게 됩니다. 그리고 우리는 하나님의 나라에 참여한 백성으로 이 땅에서의 삶을 살게 됩니다. 뿐만 아니라 우리가 하나님의 나라가 이 땅에, 내 가정에, 내 이웃에, 내 주위에 임하는 수단과 통로가 됩니다. 우리 자신이 이 나라의 왕이신 하나님의 통치에 복종하며 사는 모습을 보여줌으로 이 나라가 다른 사람에게도 임하게 하는 도구가 될 수 있는 것입니다. 이것은 우리에게 부담이 아니라, 놀라운 특권이요 또한 명예입니다. 그러므로 그리스도인의 순종은 단순히 순종하여 복을 받고, 순종하지 않아서 복을 받지 못하고 손해를 보는 정도의 문제가 아닙니다. "나는 너희 하나님이 되고 너는 내 백성이 되리라"는 왕국 언약의 근거에 전제되어 있는 것이 바로 순종입니다. 그러므로 신자의 순종은 하나님과의 언약관계를 유지하는데 결정적인 관건입니다. 그리고 하나님의 통치가 이루어지는 통로요 수단입니다. 뿐만 아니라, 신자의 순종은 세상을 향하여 하나님의 나라가 임하고 있음을 보여주는 객관적인 증거이기도 합니다. 전도란 사실은 하나님의 나라가 임하고 있다는 사실을 우리의 말과 삶으로 고백하고 선포하고 증거하는 것입니다.

간구에 담겨있는 세 가지 의미

우리가 "하나님의 나라가 임하소서"라고 간구할 때 그것은 단순히 우리의 소원을 아뢰는 정도에 그치는 것이 아닙니다. 우리의 간구행위에는 적어도 세 가지의 중요한 의미가 함축되어 있습니다. 다시 말하면 우리는 그렇게 간구함으로써 사실은 다음과 같은 세 가지 행위를 동시에 하고 있는 것입니다. 첫째는 믿음의 고백입니다. "우리는 하나님의 나라가 임하는 것을 믿습니다. 당신의 나라는 임하여야만 합니다" 하고 고백하는 것입니다. 이 고백은 동시에 신앙공동체와 세상을 향한 선포이기도 합니다. 하나님의 나라는 반드시 임하고야 만다는 사실을 선포하는 것입니다. 둘째는 소원의 간구입니다. "하나님의 나라가 임하게 해주시기를 소원합니다. 이 소원을 이루어주십시요" 하고 간구하는 것입니다. 마지막 세 번째 의미는 실천의 결단입니다. "하나님의 나라가 임하도록 내가 나서겠습니다. 나는 그것을 위하여 살겠습니다" 하는 결단입니다. 그러므로 우리는 기도할 때 사실은 이 세 가지 일을 하고 있다는 것을 의식해야 합니다. 사실 이 간구가 내포하고 있는 이 세 가지 성격, 곧 믿음의 고백과 소원의 간구 그리고 실천의 결단은 주기도문의 모든 간구에 일관되게 적용되는 공통적인 성격이기도 합니다.

우리가 이 간구를 드리는 것은 하나님의 나라가 임하였음을 고백하는 것이며, 하나님의 나라가 임하기를 소원하는 것이고, 하나님의 나라가 임하게 하는 도구로서 살 책임을 걸머지는 결단이라는 사실을 우리는 기억해야 합니다. 그것은 이 기도를 드리는 우리 신자들의 복이요, 특권이요, 명예라는 사실을 잊지 않아야 합니다.

묵상을 위한 질문

1 하나님의 나라가 임한다는 것이 의미하는 것이 무엇입니까?

2 하나님의 나라가 임하게 하는 것과 나의 나라가 임하게 하는 것은 어떻게 구별이 됩니까?

3 "하나님의 나라가 임하소서" 하고 간구할 때 그것이 담고 있는 구체적인 세 가지 의미는 무엇입니까?

신자의 간구

05

아버지의
뜻을
이루소서

-
-
-

2 너희는 이 세대를 본받지 말고 오직 마음을 새롭게 함으로 변화를 받아 하나님의 선하시고 기뻐하시고 온전하신 뜻이 무엇인지 분별하도록 하라

로마서 12:2

37 아버지께서 내게 주시는 자는 다 내게로 올 것이요 내게 오는 자는 내가 결코 내쫓지 아니하리라
38 내가 하늘에서 내려온 것은 내 뜻을 행하려 함이 아니요 나를 보내신 이의 뜻을 행하려 함이니라
39 나를 보내신 이의 뜻은 내게 주신 자 중에 내가 하나도 잃어버리지 아니하고 마지막 날에 다시 살리는 이것이니라
40 내 아버지의 뜻은 아들을 보고 믿는 자마다 영생을 얻는 이것이니 마지막 날에 내가 이를 다시 살리리라 하시니라

마태복음 6: 5-13

하나님을 향한 간구 가운데 마지막 세 번째 간구는, "뜻이 하늘에서 이루어진 것 같이 땅에서도 이루어지이다"입니다. 하나님의 나라가 임하소서, 라는 두 번째 간구와 뜻이 하늘에서 이룬 것 같이 땅에서도 이루어지기를 원하는 세 번째 간구는 어떤 의미에서 같은 간구라고 말하기도 합니다. 누가복음에서는 뜻이 하늘에서 이룬 것 같이 땅에서도 이루어지이다, 라는 간구가 없습니다. 마태복음에만 있습니다. 하나님의 나라가 임한다는 말은 하나님의 통치가 이루어진다는 말이고, 하나님의 뜻이 이루어진다는 말은 하나님의 역사가 진행된다는 말입니다. 그러니까 결국 이 둘은 같은 의미라고 할 수도 있습니다. 그러나 주님께서도 이 두 간구를 독립적인 간구로 구하도록 가르치셨으므로 별도의 내용을 갖고 있는 것으로 이해하는 것이 좋을 것입니다.

누구의 뜻인가?

"뜻이 하늘에서 이룬 것 같이 땅에서도 이루어지이다"라는 간구에서 우리가 기억해야 할 첫 번째 중요한 문제는 그 뜻이 누구의 뜻인가 하는 것입니다. 하나님의 뜻입니다. 여기에는 하늘에서나 땅에서나 아버지의 뜻이 언제나 최고의 권위와 우선권을 갖는다는 고백이 전제되어 있습니다. 그러므로 우리가 이 간구를 할 때는 나의 뜻이 아버지의 뜻과 다르거나 대치되었을 때는 아버지의 뜻이 더 높은 권위를 가지며, 우선순위에서도 더 먼저라는 사실을 인정하는 것입니다. 이것은 결국 아버지의 뜻에 대한 순종으로 이어지게 됩니다. 우리는 기도할 때 너무나 자주 자주 하나님의 뜻을 꺾고 나의 뜻을 고집 부려서 이루려는 경향이 있습니다. 그러나 우리가 기도하는 것은 하나님을 잘 설득하여 나의 뜻을 성취하기 위해서가 아닙니다. 기도하는 가장 중요한 이유는 나의 뜻이 아니라, 하나님의 뜻과 관련되어 있습니다. 하나님의 뜻을 발견하고 깨닫기 위해서 기도해야 합니다. 그리고 하나님의 뜻을 순종하기 위해서 기도해야 합니다. 또한 하나님의 뜻을 순종하지 못하는 나의 무능과 불성실과 연약함과 악함 때문에 기도해야 합니다. 예수님께서 가르치신 하나님에 대한 간구의 마지막 제목은 하나님의 뜻이 이루어지기를 구하는 것입니다.

하나님의 우주적인 뜻과 개별적인 뜻

하나님의 뜻이란, 하나님의 계획, 작정, 명령, 이런 것입니다. 그런데 그 하나님의 뜻은 두 가지로 표현됩니다. 하나는 우주적인 하나님의 뜻입니다. 그런가 하면 각 개인 곧 개별적인 대상들을 향한 하나님의 뜻입니다. 예를 들어 예수님의 중요한 가르침 가운데 하나는 이것입니다. "세상에는 반드시 끝이 온다. 복음은 반드시 세상 끝까지 전파된다." 이것은 하나님의 우주적인 뜻입니다. 이런 우주적인 하나님의 뜻은 누구도 거역하거나 막을 수 없습니다. 예수님의 재림을 아무도 막을 수가 없고 땅 끝까지 복음이 이르는 것을 아무도 막을 수 없습니다. 어떤 정치 권력도 어떤 종교 세력도 막을 수 없습니다. 이것이 하나님의 우주적인 뜻입니다. 하나님의 우주적인 뜻은 시간의 문제이지 반드시 이루어지고야 맙니다.

그런가 하면 개별적인 뜻이 있습니다. 나를 향한 하나님의 뜻이 무엇인가, 우리 교회를 향한 하나님의 뜻이 무엇인가, 나의 아들을 향한 하나님의 뜻이 무엇인가. 이렇게 각각 다른 차원 혹은 영역에서 하나님의 계획, 하나님의 작정, 하나님의 원하시는 바가 있는 데 그것을 개별적인 뜻이라고 할 수 있습니다. 어떤 사람은 저와 같이 목사가 되어서 인생을 살라는 것이 그의 인생 전체에 대한 하나님의 뜻일 수 있습니다. 그런가 하면 인생을 살아가는 과정에서 이런저런 구체적인 상황에서 어떤 일을 할 건가 안 할 건가, 어떻게 할 건가에 대한 하나님의 뜻이 있습니다. 어떤 단체에 대해서도, 우리 자녀에 대해서도 하나님의 뜻이 있습니다. 그런데 개인을 향한 하나님의 뜻은 우리가 거역할 수 있습니다. 반대할 수 있습니다. 예를 들어 하나님이 내가 목사가 되기를 원하는 뜻을 가지고 있을 수 있습니다. 그러나 내가 그것을 거역하고 반대하고 계속 지연시킬 수 있습니다. 그런데 우리가 기억할 것은 나에 대한 하나님의 뜻을 반대하고 거역하는 것을 가지고 하나님의 우주적인 계획을 뒤집을 수 없다는 것입니다. 참 어려운 이야기입니다만 반복하여 말하면, 나를 향한 하나님의 개인적인 뜻을 내가 거부함으로써 하나님의 우주적이고 종국적인 뜻이 이루어지는 데 영향을 미칠 수 없다는 것입니다. 그럼 어떻게 되는가? 하나님의 뜻을 거역하는 사람은 하나님의 역사가 진행되고 성취되는 것에 영향을 미치는 것이 아니라 자기 자신이 손해를 보고 망하기도 하고 지탄을 받게 되기도 하는 것입니다. 그러므로 하나님의 뜻을 개별적으로 순종했던 사람은 하나님께서 그 뜻으로 인해 거두려고 했던 열매를 거두게 되고 성취하게 되고 복을 받게 됩니다. 복을 받는다는 말은 무슨 말인가? 하나님의 뜻에 순종하고 하나님의 뜻에 순종한 개인들이 그렇게 함으로 말미암아 이루려고 했던 하나님의 열매를 거두게 된다는 말입니다.

하늘에서 이루어진 하나님의 뜻

하나님의 뜻이 하늘에서 이루어졌다는 말은 무슨 말일까요? 하나님의 우주적인 계획 가운데서 핵심을 차지하고 있는 계획은 사람들을 구원하는 것이었습니다. 이것을 우리가 어떻게 알았는가? 우리는 몰랐습니다. 그것은 예수님이 오셔서 가르쳐 주심으로써 알았습니다. 예수님이 하나님의 우주적인 계획과 뜻이 무엇인지 가르쳐주셨습니다. 또 예수님이 왜 오셨는지를 가르쳐주셨습니다. 예수님은 하나님의 뜻을 이루기 위해 오셨다고 여러 번 말씀하셨습니다. 오늘 우리가 읽은 요한복음이 그 말씀입니다. 요한복음 6장 38절을 한번 보겠습니다. "내가 하늘로서 내려온 것은 내 뜻을 행하려 함이 아니요 나를 보내신 이의 뜻을 행하려 함이니라." 예수님이 이 땅에 오신 것은 자기 뜻이 아니라 하나님의 뜻을 행하려 오셨다는 것입니다. 그리고 나서 나를 보내신 이의 뜻은 무엇인가를 말씀하십니다. "내게 주신 자 중에 내가 하나도 잃어버리지 아니하고 마지막 날에 다시 살리는 이것이니라." 그리고 또 40절에 부연 설명을 하기를 "내 아버지의 뜻은 아들을 보고 믿는 자마다 영생을 얻는 이것이니 마지막 날에 내가 이를 다시 살리리라." 예수님이 오신 이유는 '하나님의 뜻을 이루기 위해서'이고, 주님이 이루기 위해서 온 그 하나님의 뜻은, 예수를 믿는 자들에게 영생을 주는 것 곧 사람의 구원이라는 것입니다. 요한복음 4장 34절에서 예수님은 하나님의 뜻을 행하는 것이 예수님의 양식이라고까지 말씀하셨습니다. "나의 양식은 나를 보내신 이의 뜻을 행하며 그의 일을 온전히 이루는 이것이라."

다시 정리하면 이렇습니다. 예수님이 왜 오셨는가? 하나님의 뜻을 행하려고 오셨습니다. 마가복음 14장, 마태복음, 누가복음의 기록 모두 예수님의 마지막 순간의 기도가, "아버지여 이 잔을 내게서 옮기시옵소서"라고 기록하고 있습니다. 죽음을 옮겨 달라는 기도입니다. 그러나 덧붙이시는 기도는 "내 뜻대로 마옵시고 아버지의 뜻대로 하옵소서"입니다. 내 목숨을 지키는 것과 아버지의 뜻을 행하는 것이 양자택일해야 하는 문제라면 내 목숨보다도 아버지의 뜻을 이루는 것을 택한다는 말씀입니다.

예수님이 아버지의 뜻을 행하려 오셨는데 그 뜻의 핵심은 사람을 구원하는 것입니다. 구원하기 위해서 행하는 방법이 무엇인가를 여러 곳에서 말씀하셨습니다. 갈라디아서 1장 4절에 보면 "그리스도께서 하나님 곧 우리 아버지의 뜻을 따라 이 악한 세대에서 우리를 건지시려고 우리 죄를 대속하기 위하여 자기 몸을 주셨으니"라는 말씀도 예수님이 죽음으로 아버지의 뜻을 이뤘다는 진술입니다. 히브리서 10장 9-10절의 말씀도 이것을 분명히 합니다. 주님께서 "하나님의 뜻을 행하려고 왔음"을 분명히 선언하고(9절), 바로 이어서 "이 뜻을 좇아 예수 그리스도의 몸을 단번에 드리심"으로 연결한 다음 그로 말미암아 "우리가 거룩함을 얻었음"을 선포합니다. 예수님께서 오신 것은 하나님이 정하신 뜻을 이루기 위해서 오신 것이고, 그 뜻을 이루는 구체적인 방법은 예수님이 땅에 오셔서 죽음을 당하는 순종이었으며, 그렇게 하늘의 뜻이 이루어진 것의 결과로 우리가 거룩함을 얻게 되었다는 것을 분명히 합니다. 아버지의 뜻이 하늘에서 이루어졌는데 어떻게 이루어졌는가? 예수 그리스도의 순종을 통해서 이루어졌습니다. 어떤 순종인가? 예수 그리스도께서 이 땅에 오시고 이 땅에서 죽으시는 순종입니다. 히브리서 기자는 이 순종을 두고 "그는 육체에 계실 때에 자기를 죽음에서 능히 구원하실 이에게 심한 통곡과 눈물로 간구와 소원을 올렸"다고 말합니다. 또 "그가 아들이시면서도 받으신 고난으로 순종함을 배웠다"고 말합니다. 하나님의 뜻을 이루는 데 예수님이 감당한 순종이 얼마나 기가 막힌 것인가를 강조하고 있습니다. 그렇게 해서 이루어진 하나님의 뜻이 무엇입니까? 예수를 믿는 자마다 영생을 얻는 것, 곧 사람들을 구원하는 것입니다. 다른 말로 하면, 우리가 구원을 받아 하나님의 거룩한 백성이 된 것입니다.

땅에서 이루어질 하나님의 뜻

그런데 예수님은 하나님의 뜻이 하늘에서 이룬 것 같이 땅에서도 이루어지기를 기도하라고 하십니다. 하늘에서 이루어진 하나님의 뜻의 핵심은 예수를 믿는 자들에게 영생을 얻게 하는 것, 곧 사람의 구원이라고 앞에서 말했습니다. 그러면 땅에서 이루어질 하나님의 뜻의 핵심도 다름 아닌 죄인들의 구원입니다. 죄인들이 예수 믿고 구원받게 하는 것이 가장 확실한 땅에서도 이루어져야 할 하나님의 뜻입니다. 그런데 예수님이 세상에 오시고 자기 몸을 드려서 죽기까지 순종하여 하늘에서 계획하신 하나님의 뜻을 이룬 것처럼, 이 땅에서도 하나님의 뜻이 이루어지기를 기도하라고 하십니다. 예수님은 이 땅에 오셔서 십자가의 길을 가심으로써 하나님의 뜻을 이루셨습니다. 그러므로 예수님은 고별설교 후 하나님 아버지께 드린 마지막 기도에서 "아버지께서 내게 하라고 주신 일을 내가 이루어 아버지를 이 세상에서 영화롭게 하였"다고 말씀합니다. 그러면 이 땅에서 하나님의 뜻이 이루어지기 위하여 순종해야 하는 주체는 누구일까요? 땅에서는 누구의 순종을 통하여 하나님의 뜻이 이루어지는 것일까요? 예수님의 순종으로 말미암아 하나님의 뜻이 이루어진 결과로 나타난 우리들이 이 땅에서 하나님의 뜻을 이루기 위하여 순종해야 하는 주체입니다. 그러므로 예수님도 잡히시기 직전에 드린 대제사장의 기도에서, "아버지께서 나를 세상에 보내신 것 같이 나도 그들을 세상에 보내었"다고 말씀하십니다(요 17:18). 그러므로 이 간구는 예수님이 목숨을 바치면서 순종하여 하나님의 뜻을 이룬 것처럼 우리도 그렇게 순종해서 하나님의 뜻을 이 땅에서 이루겠다는 결단을 포함하고 있습니다. 물론 이 말씀이 이제 예수님은 필요 없고 우리가 예수님을 대체하여 예수님처럼 하나님의 뜻을 이루는 대속자가 되겠다는 의미는 전혀 아닙니다. 우리는 예수님의 대체자들이 되어 하나님의 뜻을 성취하는 자들이 아니라, 예수님의 증인이 되어 예수님이 이루신 하늘 아버지의 뜻이 이 땅에서 이루어지도록 수종드는 자들입니다.

하나님의 뜻 확인

1) 명백하게 기록된 하나님의 뜻

우리의 답답함은 그것입니다. 병원에 가면 의사가 진찰한 다음에 처방전을 주고 그것을 약사에게 갖다 주면 약사가 알아서 약을 조제해 주는 것처럼 하나님이 당신의 뜻을 가르쳐 주시면 나도 예수님처럼 목숨을 바쳐서라도 하나님의 뜻을 행할 용기도 있고, 의욕도 있고 마음의 각오도 있는데 하나님의 뜻을 알 수가 없다는 것입니다. 어떻게 하나님의 뜻을 알 수 있는 것입니까? 하나님의 뜻이 명백하게 나타나 있는 경우가 있습니다. 데살로니가전서에 보면 그렇게 말씀하고 있습니다. "하나님의 뜻은 이것이니 너희의 거룩함이라" 또 데살로니가 5장 16절에서 18절까지 보면 "항상 기뻐하라 쉬지 말고 기도하라 범사에 감사하라 이는 그리스도 예수 안에서 너희를 향하신 하나님의 뜻이니라." 이런 경우는 하나님의 뜻이 무엇인지 명백히 기록해 놓으셨으니까 분명히 알 수 있습니다. 이렇게 어떤 경우에는 하나님의 뜻이 무엇인지 명백하게 드러나 있습니다. 우리가 실천할 수 있는가 없는가 하는 것과 상관없이 아무튼 하나님의 뜻이 무엇인가에 대하여는 이론의 여지가 없이 분명한 경우입니다. 하나님의 뜻이라는 단어가 사용되고 있지 않더라고 그것이 하나님의 말씀이어서 분명하게 하나님의 뜻임을 알 수 있는 경우가 있습니다. "간음하지 말라", "하늘에 계신 너희 아버지께서 온전하신 것 같이 너희도 온전하라" 등등 수없는 말씀들이 우리에게 그 문제에 대한 하나님의 뜻이 무엇인가를 명백하게 알려주고 있습니다.

2) 기록되지 않은 명백한 하나님의 뜻

기록은 하지 않았지만 분명히 알 수 있는 것이 있습니다. 하나님의 성품과 맞지 않는 어떤 일을 하는 것은 하나님의 뜻이 아니라는 것을 알 수 있습니다. 결혼 적령기가 된 어떤 아가씨가 있었습니다. 그런데 어떤 유부남을 만나기 시작했습니다. 그리고 그 남자가 마음에 들기 시작했습니다. 그 유부남은 곧 이혼할 것이라고 말합니다. 이 아가씨에게 고민이 생겼습니다. 그래서 이 아가씨가 제 아내에게 와서 이런저런 이야기를 하면서 내가 그 남자와 결혼하는 것이 하나님의 뜻인지 아닌지 모르겠으니 기도해달라는 부탁을 하였습니다. 여러분 이것은 기도할 필요가 있을까요 없을까요? 이것은 기도해볼 필요가 없는 문제입니다. 지금 상태에서 그 남자와 사귀면서 이 남자와 결혼해야할까 말까를 고민하는 것은 하나님의 뜻과 관련된 문제가 아니라, 하나님의 뜻을 거역하는 죄와 관련된 문제입니다. 어느 집에 현금 1억이 있는데 내가 가서 2천만 원만 가져오면 천만 원은 건축헌금하고 천만 원은 급한 사업자금을 충당하여 수입을 올려 더 많은 헌금을 할 수 있을 텐데... 하나님의 뜻은 어디에 있을까? 하고 기도할 필요가 있을까요? 이러한 것은 기도할 필요가 없습니다. 성경에 도둑질 하지 말라고 되어 있으므로 도둑질 하면 안 되는 것이고, 간음하지 말라고 했으므로 간음해서는 안 되는 것입니다. 아무리 문화가 바뀌고 세상 풍조가 바뀌고 세상 법이 바뀌었어도 하나님이 죄라고 한 것은 여전히 죄일 뿐입니다. 죄가 아닌 것으로 하자고 약속한다고 죄가 아닌 것으로 되지는 않습니다. 우리는 종국적으로 하나님 앞에서 하나님의 기준에 의하여 심판을 받을 것입니다. 성경이 이것이 하나님의 뜻이다 라고 말하지 않았지만 성경의 전반적인 가르침에 비추어, 성경에 근거한 우리 신앙 양심에 비추어 거리낌이 되는 일이 있습니다. 이것은 하나님의 뜻이 아니다, 라고 기록해놓지 않았더라도 그것은 하나님의 뜻이 아닙니다. 그것은 기도하고 물어볼 필요가 없는 문제입니다. 그런데 유부남을 좋아해서 그와 결혼하고 싶은 마음을 품고 그것이 하나님의 뜻인지 목사에게 물어 보고 기도해달라고 부탁하는 본심이 무엇일까요? "그래요? 곧 이혼한대요? 그러면 괜찮습니다" 하는 말을 듣고 싶은 것이지요. 그런 말을 듣고 목사님이 그러는데 괜찮다더라 하고 싶은 것이지요. 그래서 자기의 양심을 스스로 위로하면서 자기기만을 하여 그쪽으로 일을 진행시키고 싶은 것이지요. 우리가 기도해 볼 필요 없이, 성경을 여기저기 찾아볼 필요 없이 하나님을 믿기 때문에 우리 안에 들어와 있는 기본적인 신앙의 양심과 하나님 성품과 형상을 가진 사고를 통해서 그것이 하나님의 뜻인가 아닌가 하는 것이 저절로 분명해지는 것들이 있습니다.

3) 알 수 없는 하나님의 뜻

실제로 알 수 없는 경우가 있습니다. 지금 내가 직장이 필요한데 나를 이쪽 회사에서도 오라하고 저쪽에서도 오라 하는데 어디로 가는 것이 하나님의 뜻인가? 이것은 알 길이 없습니다. 어떤 부분들은 하나님의 형상을 손상하지 않고 또 사람의 윤리 도덕과 법규들을 범하지 않는 한도에서 하나님이 기본적으로 우리에게 이미 주신 재량권을 근거로, 각자의 성품이나 취미나 은사를 따라서 자유롭게 결정하도록 맡겨 주신 부분들이 있습니다. 그러나 우리는 가능하면 하나님의 뜻이 어디인가, 내가 어디로 가는 것이 더 하나님의 마음에 맞을까 하는 마음으로 기도를 합니다. 하나님은 네가 어디를 가든 나는 너와 함께 있으니 너의 취미와 성향에 따라서 결정해라 하셨어도 내가 어느 쪽으로 가는 것이 하나님 앞에 더 쓰임을 받는 길일까 하는 착한 고민을 하지요. 그래서 혹시 내 성향과는 좀 달라도 하나님께서 이쪽으로 가라고 하시면 그 길로 가야겠다는 신앙심을 갖고 기도하는 것입니다. 그러나 어느 경우에는 분명히 하나님의 뜻이 있을 텐데 우리는 잘 모르겠는 경우가 있습니다. 가장 바람직한 것은 이것 입니다. 우리의 평상시의 삶이 하나님과 가까워서 그냥 나는 내 생각으로 판단하고 처신을 하는데 그것이 자연스럽게 하나님이 기뻐하는 쪽으로 나아가는 것이 되는 그런 사람이 되는 것입니다. 일상생활에서 어떤 일을 결정할 때 하나님이 원하시는 것이 무엇인가를 사건 사건마다 기도하고 확인받아서 하는 것이 아니라 일상적인 체질이 그냥 하나님과 가까운 생각을 하는 그런 사람입니다. 그의 신앙생활이 높은 수준의 성경적인 상식을 갖추고 사는 것이지요. 자연스럽게 생각하고 판단하는 것이 하나님의 마음과 뜻을 벗어나지 않는 일상이 되는 그런 사람입니다. 부부가 오래 살면서 서로 마음이 통하고 화목하게 잘 지내는 부부들은 아내가 사사건건 남편에게 물어보거나 서로 토론하여 확인하는 과정을 거치지 않고 그냥 자기 생각을 따라서 하는데 남편 생각하고 거의 같아질 때가 많이 있잖아요? 평소에 깊은 교제와 대화를 하면서 사는 동안 생각과 판단의 체질에 공통점이 많아졌기 때문이지요.

결국 하나님의 뜻을 행하는 삶을 살기 위해서는 하나님의 뜻을 확인하기 위하여 그 때마다 많은 기도를 하는 것보다도 평소에 하나님과 친하게 지내는 것이 훨씬 더 중요하고 효과적입니다. 신앙이 좋은 사람이라는 것은 무슨 말일까요? 평소에 하나님과 가깝게 지내고, 하나님의 성품을 닮으려고 애쓰는 사람이어서 일부러 하나님을 의식하지 않고 그냥 자기 자신의 생각을 하고 자기 판단대로 처신을 하는데 그것이 하나님의 뜻에 맞아 돌아가는 사람이지요. 하나님을 들먹거리지 않는데 그의 행동과 처신과 판단에서는 하나님 냄새가 나고 하나님 맛이 느껴지는 것이지요. 하나님은 그것을 원하십니다. 그것을 로마서 12장에 그렇게 말씀하고 있습니다. "너희는 이 세대를 본받지 말고 오직 마음을 새롭게 함으로 변화를 받아 하나님의 선하시고 기뻐하시고 온전하신 뜻이 무엇인지 분별하도록 하라." 하나님의 뜻이 많이 있는데 하나님의 뜻은 선하시고 기뻐하시고 온전하신 뜻이라는 것이죠. 그런데 이 뜻을 어떻게 분별할 수 있겠는가, 분별할 수 있는 조건이 무엇이냐를 말하는 것입니다. 사건 사건마다 어떤 것이 하나님의 뜻인지 고민해 보라고 말하지 않고, 이 세대를 본받지 않고 마음에 변화를 받아가는 사람은 그가 하는 것이 하나님의 뜻하고 가까워지고 그냥 하는데 하나님의 뜻대로 하게 되는 그런 삶을 살게 된다는 것입니다. 저는 이것이 아주 중요하다고 생각합니다. 아버지하고 대화를 많이 나누는 아들은 무슨 일이 있을 때마다 아버지에게 묻지 않고 자기 생각대로 하는데 대부분이 아버지의 생각과 비슷한 방향으로 갑니다. 하나님은 우리가 그런 사람이 되기를 원합니다. 평소에는 하나님과 멀리 살다가 무슨 일만 있으면 달려와서 어떻게 하는 것이 하나님의 뜻인가 사사건건 하나님의 뜻을 따지는 것이 아닌니다. 평상시의 삶의 체질이 하나님적입니다. 그것을 거룩하다고 하는 것입니다. 이 세대를 본받지 않고 거룩하고 구별이 되고 마음을 새롭게 한다는 것입니다. 하나님과 관계가 깊어지고 하나님 중심으로 생각하는 그런 삶을 살다보면 내가 하나님 뜻대로 살아야지 하고 의식을 하지 않더라도 하나님 뜻에 부합되는 쪽으로 결정하고 생각하게 된다는 것입니다. 우리는 이런 사람을 신앙이 성숙한 사람이라고 말합니다. 어떤 말을 할 때 이렇게 말하는 것이 하나님의 뜻인가 저렇게 말하는 것이 하나님의 뜻인가 고민하지 않고 자연스럽게 자기의 말로 말하는데 그것이 평상시의 마음과 체질이 이 세대를 본받지 않고 마음을 새롭게 하는 사람에게서 나오는 말이어서 그냥 하나님이 좋아하시는 말을 하게 되는 것입니다. 우리가 하나님의 뜻과 관련해서 계속 노력해야 할 부분이 이것입니다. 하나님의 뜻에 자연스럽게 부합하며 살아가는 사람, 이런 사람을 통해서 하나님의 뜻이 이 땅에서 이루어집니다.

그러므로 하나님의 뜻을 이 땅 위에서 이루기 위하여 우리가 힘쓰고 기도하여야 할 중요한 내용은 이것입니다. 첫째는 어떤 특별한 상황 가운데서 하나님의 뜻을 알 수 있는 지혜를 주시라는 것입니다. 둘째는 평상시에 하나님과 깊은 교제를 하며 하나님의 성품을 자꾸 닮아가고, 그래서 자연스러운 체질에 따라 결정해 나가는 것인데 그것이 하나님의 뜻에 부합되는 일이 되는 거룩한 사람이 되는 것입니다.

하나님의 이름과 나라와 뜻의 연관성

지금까지 본 바와 같이, 주기도문의 첫 세 간구는 하나님에 대한 간구입니다. 첫째는 하나님의 이름의 거룩함입니다. 이것은 하나님의 존재에 관한 기도입니다. 두 번째는 하나님의 나라의 임함입니다. 이것은 하나님의 통치권에 관한 기도입니다. 마지막으로 하나님의 뜻의 성취입니다. 이것은 하나님께서 이끌어 가시는 하나님의 역사진행에 관한 기도입니다. 이 세 가지는 서로 긴밀히 연결되어 있습니다. 하나님의 존재의 거룩함이 밝히 드러나지 않으면 그곳에서는 하나님의 통치권이 행사될 수 없습니다. 하나님의 통치권이 행사되지 않는 곳에서는 하나님의 역사가 계속될 수 없습니다. 하나님의 거룩하신 존재가 밝히 드러나고, 그것이 인정되는 데로부터 하나님의 나라가 임하고, 나라가 임하는 곳으로부터 하나님이 운행해 나가시는 하나님의 역사가 진행되고 성취되는 것입니다.

하나님에 대하여 간구할 때 기억할 것

하나님에 대한 우리의 간구는 단순히 우리의 희망 사항을 하나님께 아뢰는 정도에 그치는 것이 아닙니다. 우리가 하나님께 드리는 간구는 믿음의 고백과 소원의 간구, 그리고 실천의 결단이라는 3중적인 행위를 포함하고 있습니다. 이것은 지난 시간에 "아버지의 나라가 임하소서"라는 간구를 살펴보면서 이미 말씀드렸습니다. 하나님에 대한 간구가 갖고 있는 이러한 성격은 하나님의 이름이 거룩히 여김을 받고, 하나님의 나라가 임하고, 하나님의 뜻이 성취될 것을 간구하는 세 가지의 간구 모두에 공통적으로 적용됩니다. 사실, 예수님께서 기도를 가르치시면서 제자들을 향하여 품으신 의도도 이 세 가지로 요약할 수 있을 것입니다. 즉, 우리가 주님이 가르쳐주신 기도를 따라 기도한다는 것은 다름 아닌 이 세 가지 일을 하는 것을 의도하신 것입니다. 그러므로 우리는 하나님께 이 간구들을 아뢸 때마다 우리가 실제적으로 해야 하는 것이 무엇인지를 명심하고 확인하면서 기도해야 합니다. 첫째는 자신이 하나님에 대하여 드리는 간구의 내용을 자신의 믿음으로 받아들이고 고백하는 것입니다. 하나님은 거룩하시며, 그의 이름이 거룩히 여김을 받아야 하며, 반드시 그렇게 될 수밖에 없다는 것을 고백하는 것입니다. 하나님의 나라는 반드시 임하며, 또 임해야만 한다는 것을 믿고 그것을 고백하는 것입니다. 하나님의 뜻과 계획과 섭리는 반드시 성취되어야 하고 성취될 수밖에 없다고 믿고 그것을 고백하는 것입니다. 둘째는 하나님의 이름이 거룩히 여김을 받고, 하나님의 나라가 임하고, 하나님의 뜻이 성취될 것을 열망하고 소원하면서, 하나님께서 그렇게 해주시기를 간구하는 것입니다. 셋째는 나 자신이 그 간구를 실현하는 데 헌신하겠다는 결단을 하는 것입니다. 나 자신이 그 간구가 실현되게 하는 실천의 수단이 되는 것입니다. 어떻게 그러한 수단이 될 수 있겠습니까? 하나님의 거룩하심을 인식하고 하나님을 경배하고 찬양하며 예배함으로 하나님의 이름이 거룩히 여김을 받는 수단이 됩니다. 나 자신이 하나님의 통치권에 복종함으로 하나님의 나라가 구체적으로 임하게 하는 수단이 될 수 있습니다. 하나님의 뜻과 계획과 섭리를 내가 그대로 받아들이고 순종함으로 하나님의 뜻이 이 땅에서 이루어지는 도구가 될 수 있습니다. 그리하여 이 간구들이 구체적인 현실이 되게 할 수 있습니다. 이것은 단순히 개인 차원에서만이 아니라 더 나아가서 "우리" 즉 공동체가 그렇게 할 것을 의미합니다. 그러므로 주님이 가르치신 기도는 언제나 "우리"의 기도로 이루어져 있습니다. 주님이 가르쳐 주신 각 항목의 간구가 갖고 있는 이러한 세 가지의 성격은 하나님에 대한 간구만이 아니라, 다음에 살펴볼 우리를 위한 간구들도 동일하게 갖고 있는 공통적인 성격입니다.

묵상을 위한 질문

1 어떻게 하나님의 뜻이 하늘에서 이루어진 것처럼 땅에서도 이루어질 수 있습니까?

2 우리의 일상의 삶이 하나님의 뜻을 실천하는 삶이되게 하는 가장 중요하고 확실한 방법은 무엇입니까?

3 우리는 어떻게 하나님의 뜻을 알 수 있습니까?

신자의 간구

06

우리에게
일용할
양식을 주소서

-
-
-

7 내가 두 가지 일을 주께 구하였사오니 내가 죽기 전에 내게
거절하지 마시옵소서
8 곧 헛된 것과 거짓말을 내게서 멀리 하옵시며 나를 가난하게도
마옵시고 부하게도 마옵시고 오직 필요한 식량으로 나를 먹이시
옵소서
9 혹 내가 배불러서 하나님을 모른다 여호와가 누구냐 할까 하오며
혹 내가 가난하여 도둑질하고 내 하나님의 이름을 욕되게 할까
두려워함이니이다

잠언 30:7-9

우리를 위한 첫 번째 간구

하나님에 초점을 맞춘 간구가 끝나자 주님은 "우리"를 위한 기도를 가르치십니다. 우리를 위한 간구는 네 가지 입니다. 첫째는 우리에게 필요한 일용할 양식을 간구하라고 하시고, 둘째는 죄 사함을 위하여, 셋째는 시험에 들지 않도록, 그리고 넷째는 악에서 건짐을 받도록 기도하라고 하십니다. 이 네 가지 가운데 뒤의 세 가지 즉 죄의 문제, 시험의 문제, 악의 문제는 어떻게 보면 영적인 문제입니다. 그러나 첫 간구인 양식에 대한 기도는 우리의 육체에 초점을 맞춘 기도입니다. 주님께서는 일용할 양식을 구하는 기도, 곧 육체에 초점을 맞춘 기도를 영적인 기도들 앞에 놓으셨습니다. 이렇게 하나님에 대한 기도 다음에 우리의 양식에 대한 기도를 놓고, 그 다음에 우리의 영적인 문제에 대한 기도를 놓으셨습니다. 그래서 이것을 전체적으로 보면 앞에 하나님께 대한 영적인 소원(하나님의 이름, 하나님의 나라, 하나님의 뜻), 뒤에도 영적인 소원(우리의 죄, 우리의 시험, 우리의 악), 그리고 그 사이에 우리 육체의 필요(일용할 양식)를 간구하도록 하셨습니다.

영적인 사명을 감당하기 위한 여건

예수님께서 우리 간구의 순서를 이렇게 배치하신 의미를 여러 가지로 설명할 수 있습니다. 그러나 무엇보다도 분명하고 확실한 것은 바로 앞에서 하나님께 대하여 간구한 것들, 즉 하나님의 이름이 거룩히 여김을 받고, 하나님의 나라가 임하고, 하나님의 뜻이 이루어지게 하는 그것이 우리 하루하루의 삶과 연관되어 있다는 사실을 암시하고 있다는 것입니다. 그리스도인에게 오늘이라고 하는 현재는 하나님의 이름을 거룩하게 하고, 하나님의 나라가 임하게 하고, 하나님의 뜻을 이루는 현장으로 주어지고 있다는 것입니다. 이것이 신자만이 갖는 오늘의 의미입니다. 그리고 그 삶을 오늘 여기서 살아내기 위하여 필요한 최소한의 삶이 보장되어야 한다는 것을 주님이 인정하시는 것입니다. 그래서 주님은 오늘 먹을 양식을 달라고 기도할 것을 가르치십니다. 그러므로 신자에게는 오늘이라고 하는 현실과 그 오늘을 위하여 먹고 사는 문제가 앞에서 간구한 하나님과 관련된 간구들과 전혀 별개의 것일 수 없습니다. 오늘 우리의 삶과 하나님과 관련된 영적인 삶을 이원론적으로 분리시키는 삶을 살 수 없는 것이지요.

그러므로 일용할 양식을 주시라는 이 간구는 앞에서 이미 하나님께 간구한 그 삶을 오늘 내가 구체적으로 살아내는 데에 필요한 기운을 갖추기 위한 요청이라고 할 수 있습니다. 주님은 이것을 그냥 양식이나 음식으로 말하지 않고 빵이라고 하셨습니다. 빵이라는 말로 예수님이 일부러 표현한 것은 중요한 의미를 갖습니다. 왜냐하면 유대사람들에게 빵이라는 것은 단순히 밀가루로 만든 빵을 의미한 것이 아니고, 현실적인 삶에서 필요한 필요들을 통칭하여 표현하는 말이기 때문입니다. 그러니까 결국 오늘 우리가 이 땅에서 현실적으로 사는 데 필요한 필요들을 채워 주시라는 기도입니다. 이 필요가 없으면 앞에서 결단한 그런 삶을 살 수가 없습니다. 다시 말해서 밥이 없어서 계속 굶고 있으면서 하나님을 거룩하게 하고, 하나님의 나라가 임하도록 순종하고, 하나님의 뜻이 이루어지게 하는 삶을 살기가 불가능한 것입니다. 그래서 그 삶을 살기 위한 방편으로 오늘 내가 삶을 유지해 나가고 생존을 유지해 나갈 수 있는 삶의 여건을 갖추어 달라고 기도하라는 말씀입니다. 사람이 삶을 유지할 수가 없어서 죽은 다음에야 그런 것을 이루어낼 수가 없지요.

우리 기독교는 고행주의가 아닙니다. 또 금욕주의가 아닙니다. 물론 때때로 고행과 금욕의 삶을 삽니다. 그러나 금욕주의나 고행주의는 아닙니다. 이 말은 우리가 육신의 것을 완전히 없는 것처럼 무시하고 사는 것을 성경은 반대한다는 말입니다. 그러나 우리가 고행적이거나 금욕적이라는 말은 때때로는 육신의 것을 무시하는 것처럼, 육신의 것이 없어도 사는 것처럼 그렇게 살아야 할 때가 있다는 말입니다. 어느 때는 육신의 것을 귀하게 여겨서 구하고, 어느 때는 육신의 것을 아무것도 아닌 것처럼 무시하기도 합니다. 우리의 모든 육신의 것은 우리가 하나님 앞에서 살아야 하는 영적인 삶에 비추어 이해해야 한다는 한 가지 원리 때문입니다. 내가 육신의 것이 없어서 하나님께서 원하시는 삶을 살아내는 데에 결정적인 장애물이 되는 경우에 우리는 오늘 내게 필요한 물질적 욕구와 육체적 필요를 채워 주시도록 기도해야 합니다. 그러나 때로는 그 영적인 삶을 잘 살아내기 위해서 마치 고행주의자처럼 물질적인 욕구를 억제하기도 합니다.

오늘 우리가 읽은 본문 잠언 30장의 지혜자의 간구가 바로 그 말입니다. 8절 이하에 보면 이 지혜자는 주께 두 가지 일을 구하였다고 말합니다. 그리고 죽기 전에 그것을 주시라고 간구합니다. 죽기 전에 이것을 달라는 말은 죽기 전에 이 소원을 들어달라는 말이라기보다는 죽을 때까지 이 일이 지속되게 해달라는 말입니다. 죽으면 소용이 없으니까요. 첫째는 허탄함과 거짓말을 내게서 멀리 해달라는 것입니다. 허탄함과 거짓말, 즉 죄의 문제로부터 자유롭게 해달라는 것이지요. 그리고 이어지는 두 번째 간구는 길게 말했습니다. "나로 가난하게도 마옵시고 부하게도 마옵시며 오직 필요한 양식으로 내게 먹이시옵소서." 그러면서 그렇게 물질의 욕구를 하나님께 아뢰고 간구하는 근본 이유가 무엇인가를 9절 이하에 설명해 놓았습니다. "내가 너무나 물질이 많아서 배가 부르면 하나님을 모른다 여호와가 누구냐 하고 교만할까 두렵고, 내가 너무 가난해서 먹을 것이 없으면 인간의 육체의 본능적인 욕구에 따라서 도둑질을 해서 하나님의 이름을 욕되게 할까 두려워서" 그렇다고 고백합니다. 물질에 대한 욕구를 갖는 이유와 목적이 분명합니다. 하나님 앞에서 영적인 삶을 살기 위해서입니다. 그러나 언제나 가난하게 사는 것이 영적인 것이라고 하는 것이 금욕주의이고 고행주의입니다. 반면에 언제나 부자이고 건강하고 잘되어야 좋은 것이라고 하는 것이 물질주의이고 세속주의입니다. 그런데 우리는 그것이 아니고 물질이 많아도 좋고 적어도 좋다는 것입니다. 다만 많은 것이든지 적은 것이든지 건강한 것이든지 병든 것이든지 그것이 이유가 되서 우리가 살아야 할 영적인 일과 거룩한 삶, 하나님 앞에서 살아내야 할 삶의 방해거리가 되어서는 안 된다는 원리에 따라 사는 것입니다. 너무 부자인 것이 영적인 삶을 살아내는 데에 방해거리가 된다면 부자가 아니기를 구해야 되고, 너무 가난한 것이 영적인 삶을 살아내는 데에 거리낌이 되고 방해가 된다면 너무 가난하지 않도록 간구 하는 것입니다. 그것이 우리 신자들이 물질과 육체의 문제에서 누리는 자유입니다. 이 자유를 보장하는 근거가 무엇인가하면 하나님을 향한 삶을 살아야 한다는 열정입니다. 목적은 분명합니다. 하나님을 향해서 내가 살아내야 할 거룩한 삶, 즉 하나님의 이름을 거룩하게 하고 하나님의 나라가 임하게 하고 하나님의 뜻이 성취되게 하는 삶을 내가 구체적으로 살아내는 데 육신의 문제, 또 현실적인 삶의 여건, 물질의 문제가 방해가 되지 않아야 한다는 것입니다. 먹을 것이나 재물이 너무 많거나 너무 없어서 혹시라도 하나님 앞에서 살아야 할 영적인 삶이 방해받을까를 염려하는 마음으로 드리는 기도입니다.

그러므로 우리는 육체를 귀하게 여기고, 물질을 귀하게 여기지만 그것 자체가 목적이어서 그러는 것은 아닙니다. 그것 자체가 목적이 되어서 그것을 추구하는 것을 우리는 쾌락주의라고 합니다. 물질을 모으는 것 자체가 목적이 되고 건강한 것 자체가 목적이 되어서 그것을 위해서 일하고 쌓고 구하는 것은 쾌락주의입니다. 그러나 우리는 그렇지 않습니다. 거룩한 삶이 있는데 그것을 살기 위한 방편으로 물질이, 건강이, 오늘 먹을 것이 필요합니다. 그래서 그것을 구합니다. 그것도 하나님께서 은혜를 주심으로 이루어진다는 것을 인정하고 간구합니다. 그러므로 우리가 일용할 양식을 중요하게 여기고 구하는 것은 세상이 그것을 구하는 것과는 그 목적과 이유가 다릅니다. 우리는 우리의 현실 상황을 앞세워서 방자하지도 비굴하지도 말아야 합니다. 지금 내가 가진 것 때문에, 지금 내가 형통한 것 때문에 방자할 필요가 없습니다. 지금 내가 안 가진 것 때문에, 지금 내가 약한 것 때문에 비굴할 필요도 없습니다. 우리는 다만 한 가지 소원, 내가 하나님 앞에서 살아내야 할 거룩한 삶이 있다는 확신을 갖고 그 삶을 살아내기 위하여 필요하다고 여겨지는 오늘 필요한 것을 하나님이 내게 주시도록 간구하는 것입니다. 그것을 내게 주실 것을 믿고 또 감사하면서 요청하는 것입니다.

하나님 절대 의존의 확인

주님께서 평생 먹고 살 양식을 구하지 않고 오늘 일용할 양식, 오늘의 필요를 구하게 하시는 이유는 무엇인가요? 무엇보다도 중요한 것은 하나님에 대한 절대 의존을 확인하라는 것입니다. 대개 사람들은 오늘 먹고 사는 것은 내가 일해서 내 힘으로 먹고 사는 것이라고 생각합니다. 그래서 하나님이 도와주시지 않아도 되는 영역인 것처럼 생각할 때가 많습니다. 또 오늘 하루 사는 것을 사소한 일로 여기는 경향이 있습니다. 아무려면 하루 사는 것이야 어떻게 해결 못하랴 하는 태도로 삽니다. 주님은 이 점을 놓고 아무리 작은 일이라 할지라도, 하루에 관련된 일이라 할지라도 그것은 하나님께 의존되어 있는 것이며, 하나님이 주셔야 되는 것이라는 사실을 가르치고자 한 것입니다. 일용할 양식을 구함으로써 그것을 인정하고 또 고백하라는 것입니다. 사실은 일용할 양식이 사소한 것도 아닙니다. 우리는 지금 먹고 살기가 좋아졌습니다. 지금은 절대 다수의 사람들이 먹기 싫어서 안 먹지, 먹을 것이 없어서 못 먹지는 않는 세상입니다. 그러니까 일용할 양식을 아무것도 아닌 것처럼 여기곤 합니다.

그러나 실질적으로는 일용할 양식이 얼마나 중요한 것인지 모릅니다. 하나님이 안 주시면 그것으로 끝이기 때문입니다. 에티오피아에서는 몇만 명이 굶어 죽는데 이 사람들은 먹고 싶지만 먹을 것이 주어지지 않아서 못 먹는 사람들입니다. 북한에 가면 일용할 양식이 주어진다는 것이 얼마나 중요한 일인가가 순간마다 확인되고 있습니다. 우리는 먹기 싫어서 안 먹지만 서울에서 몇 십 킬로 북쪽으로만 가도 먹을 것이 없어서 하루를 더 버티지 못하고 죽어나가는 사람들이 부지기수입니다. 아프리카에 가면 여러 나라들이 이 지경에 처해 있습니다. 물 한 모금을 마음대로 마실 수 있다는 것이 사실 얼마나 귀합니까? 언젠가 대형 백화점이 무너졌을 때 그 아래 갇혀 있던 사람들이 먹을 물이 없어서 오줌을 받아 마셨다고 하지 않았습니까? 물 한 모금 까지 하나님께 의존하고 있다는 것을 우리가 무시할 때가 많습니다. 사람들은 또 하루의 삶을 영위하는 것, 한 끼를 먹는 그것까지도 하나님께 의존되어 있다는 것을 인정하지 않을 때가 많습니다. 그리하여 이것을 기도하는 것을 하찮게 여깁니다. 주님은 "일용할 양식을 주옵소서"라고 기도하라고 하심으로써 이것을 지적하신 것입니다. 그리고 아무리 작은 일이라도 하나님께 의존되어 있다는 것을 알라는 것입니다.

또 어떤 사람들은 이런 문제를 기도하지 않습니다. 믿음이 좋은 사람이라면 영적이고 거룩한 것을 기도해야지 물질적인 것, 먹고 사는 것을 기도하는 것은 차원이 낮고 천박하고 믿음이 낮은 사람이 기도하는 것이라고 생각하기 때문입니다. 그러나 이것은 아주 잘못된 생각입니다. 하나님께서 우리의 육체의 필요를 채우시고, 우리의 육체의 문제에도 책임을 지고 계신다는 것을 알아야 합니다. 하나님은 우리의 영혼의 문제에만 관심이 있고 우리의 육체에는 관심이 없는 분이 아닙니다. 우리의 육체와 영혼 모두에 간여하시는 분입니다. 하나님은 우리의 일생 전체에 대한 관심과 계획을 가지고 계실 뿐만 아니라, 오늘 한 순간 이곳에서의 삶에 대해서도 관심과 책임을 갖고 계십니다. 하나님은 우리가 일생 동안 하는 일과 먹고 사는 것에 관심이 있을 뿐만 아니라, 한 끼 먹는 것에 대해서도 간여하십니다. 그런 하나님께 구하는 것은 지극히 마땅한 것이지요. 이스라엘 백성은 광야에서도 하나님께서 그날그날 먹을 것을 주셔서 먹고 살 수 있었습니다.

또 "나는 어느 정도 돈이 통장에 있고 안정되어서 하루 먹을 것을 위해 기도할 만한 사람은 아니야" 하고 생각하는 사람이 있습니다. 이것은 참으로 물정을 모르는 태도입니다. 하나님께서 한 순간에 그것을 거두어 갈 수 있고, 간단한 사건 하나를 통해서도 그것들을 없애 버릴 수 있다는 사실을 인정하지 않아서 그렇습니다. 누가복음 12장에 등장하는 어리석은 부자가 바로 그런 사람이었습니다. 여러 해 쓸 물건을 쌓아두었으니 편안히 먹고 마시고 인생을 즐겨보겠다고 큰소리 쳤지만, 그 사람은 그 날 밤에 죽었습니다. 하나님은 그 부자에게 "어리석은 자"라고 단언하셨습니다. 여기의 어리석다는 말은 무식하다는 말이 아닙니다. 사실은 악하다는 말의 다른 표현일 뿐입니다. 어떤 사람의 말처럼 우리의 재산은 하나님께서 우리에게 사용하고 소유하고 쓰도록 주신 것일 뿐, 소유권 등기는 하나님 앞으로 되어 있습니다. 언제라도 그 등기권자가 가져가면 그만입니다. 그런데 내 것인 것처럼 내가 등기까지 하고 있는 것처럼 말하는 것은 참 어리석은 일입니다. 그러므로 주님께서 일용할 양식을 구하도록 가르치신 것은 이렇게 사소한 것처럼 보이고 하찮은 일처럼 보이는 육신의 문제, 오늘 하루의 생존을 어떻게 유지할건가 하는 문제 까지도 하나님이 아니면 안 된다는 사실을 인정하고, 하나님을 의존하는 마음을 가지라는 말씀입니다.

자족하는 검소한 생활

주님께서 일용할 양식을 구하라고 하신 또 다른 중요한 의도가 있습니다. 한 달쯤 혹은 죽을 때까지의 필요를 구하지 왜 하필 오늘 하루의 양식을 구하는 것인가요? 우리 신자들은 물질적인 필요들을 귀하게 여기지만, 그러나 사치와 탐욕은 아니라는 것을 분명히 하기 위해서입니다. 오늘 우리가 생존을 유지하는 데에 필요한 것을 구하지, 오늘 사치할 것을 요구할 것을 주님은 가르치지 않으셨습니다. 우리가 물질에 대하여 지나친 욕심을 가지면 불만과 불평이 일어나게 됩니다. 그러나 주님은 우리에게 일용할 양식을 구하라고 하심으로써 사실은 탐심을 금하신 것입니다. 언제나 만족함이 없는 욕구를 탐심이라고 합니다. 주님은 오늘의 양식을 구하라고 하심으로써 욕심과 불만과 탐심이 아니라, 만족과 감사가 있는 검소한 삶을 살 것을 가르치신 것입니다. 그러므로 사도 바울도 디모데전서에서 "우리가 먹을 것과 입을 것이 있은즉 족한 줄로 알 것이니라"고 하셨습니다.

똑같이 1억을 가지고 있어도 그것을 갖고 사는 모습은 다를 수 있습니다. 어떤 사람은 재미있어 하고 만족스럽게 여기고 즐기면서 사는데, 어떤 사람은 더 벌어서 더 채울 것만 생각하면서 삽니다. 만족함이나 즐거움이 없고 더 힘들고 더 괴롭게 삽니다. 오늘 하나님이 주신 것에 만족하고 감사하고 그 속에서 우리에게 주신 영적인 삶을 살아내려는 자세로 살아야 합니다. 오늘 양식이 아니라 먼 장래 평생까지, 내 평생이 아니라 자식 평생까지 염려하면서 그걸 채우려고 하니까 문제가 생깁니다. 즐거움이 없고 만족함이 없고 여유로움이 없습니다. 언제나 염려와 불안과 초조와 탐심에 사로잡히게 됩니다.

공동체의 책임 확인

이 간구에서 우리가 주목해야 할 것이 또 있습니다. "우리에게" 필요한 양식을 구하라고 하신 것입니다. "오늘날 우리에게 일용할 양식을 주옵시고." "우리에게"라고 하셨습니다. 주기도문이 은연중에 강조하고 있는 것은 바로 "우리"입니다. 공동체의 기도입니다. 공동체가 이 기도를 하라는 의미일 뿐만 아니라, 이 기도를 혼자서 할 때에도 공동체의 공인으로서 해야 한다는 것을 이렇게 가르치신 것입니다. 우리가 공인이라는 사실을 인식하라는 의미입니다. 그래서 첫마디도 "우리의 아버지"로 시작하게 하셨습니다. 인간에 대한 간구를 가르치면서도 처음에

"우리에게"라고 기도하도록 하셨습니다. 이 말씀은 우리가 이 기도를 드릴 때는 하나님 앞에서 나 자신만의 문제가 아니라 다른 사람을 의식하라는 의미입니다. 나의 먹을 것만을 채워달라는 것이 아니라, 다른 사람에게도 일용할 양식이 있어야 한다는 사실을 의식하라는 것입니다. 나만이 아니라, 다른 사람들에게도 그 필요가 채워져야 한다는 의식을 가지고 기도하라는 말입니다. 다른 사람에 대한 책임감을 가지고 살아야 할 것을 말씀하는 것입니다. 이 간구를 할 때마다 우리는 우리 공동체 안에 일용할 양식이 없어서 영적인 삶을 사는 데 지장을 받고 있는 사람에게 일용할 양식을 나누고 채워 주어야 할 책임이 있는 사람이라는 사실을 인식하라는 것입니다. 이런 점에서 이 기도는 간구일 뿐 아니라, 책임을 감당하겠다는 고백과 결단의 표현이기도 합니다. 초대교회 성도들이 성령으로 충만하게 되자 즉시 나타낸 반응은 다른 지체들의 일용할 양식을 교회 공동체의 이름으로 책임지는 것이었습니다. 공동체 안에 일용할 양식이 없는 지체들을 책임지기 위하여 자발적으로 재산을 팔아 사도들의 발 앞에 가지고 왔습니다. 그것으로 일용할 양식이 없는 공동체의 지체들의 오늘의 양식을 책임지기 시작한 것입니다(행 4:31-37).

"우리에게 일용할 양식을 주옵시며"라고 기도할 때마다 우리는 이 간구가 담고 있는 깊은 의미와 이것을 가르치신 주님의 의도를 곰곰이 생각하면서 이 기도를 해야 할 것입니다.

묵상을 위한 질문

1 왜 신자에게도 일용할 양식의 충족이 중요한 문제가 되는 것입니까?

2 "오늘 우리에게 일용할 양식을 주옵소서" 하고 간구할 때 그 간구가 의미하는 내용은 무엇입니까?

3 결국, 하나님을 알지 못하는 사람들이 일용할 양식을 구하는 것과 신자들이 그것을 구하는 것은 외형은 동일한 것임에도 본질/동기가 근본적으로 다른 것은 어떤 점에서 입니까?

신자의
간구

-
-
-

12 이는 우리의 허물이 주의 앞에 심히 많으며 우리의 죄가 우리를 쳐서 증언하오니 이는 우리의 허물이 우리와 함께 있음이니라 우리의 죄악을 우리가 아나이다

이사야 59:12

8 만일 우리가 죄가 없다고 말하면 스스로 속이고 또 진리가 우리 속에 있지 아니할 것이요
9 만일 우리가 우리 죄를 고백하면 그는 미쁘시고 의로우사 우리 죄를 사하시며 우리를 모든 불의에서 깨끗하게 하실 것이요
10 만일 우리가 범죄하지 아니하였다 하면 하나님을 거짓말하는 이로 만드는 것이니 또한 그의 말씀이 우리 속에 있지 아니하니라

요한일서 1:8-10

오늘은 "우리가 우리에게 죄지은 자를 사하여 준 것 같이 우리의 죄를 사하여 주시옵고"라는 대목입니다. 이 말씀을 원래 순서대로 놓으면 "우리의 죄를 사하여 주시옵소서. 마치 우리가 우리에게 죄 지은 사람을 용서하듯이 그렇게 말입니다"입니다. 그러니까 주제는 "우리의 죄를 사하소서"가 됩니다. 주기도문의 앞부분에서는 하나님의 이름이 거룩히 여김을 받으시고, 하나님의 나라가 임하시고, 하나님의 뜻이 이루어지기를 간구하였습니다. 하나님과 관련된 기도 제목인 셈이지요. 그리고 나서 사람들을 향한 기도를 드리는데 일용할 양식을 주시라는 것이 첫 간구입니다. 하루의 삶을 유지하는 데 가장 기본적인 문제를 해결해 주시라는 간구입니다. 그리고 이어지는 간구가 우리의 죄에 대한 문제입니다.

결정적인 또 다른 장애물 – 죄

주님은 우리의 죄를 사해 주시라고 간구하라고 하심으로써 우리가 하나님 앞에서 영적인 삶을 사는 데는 앞에서 구한 일용할 양식의 문제 외에 또 다른 결정적인 문제가 있음을 가르치십니다. 그것은 죄의 문제입니다. 육신적으로는 생존을 유지하는 것이 문제였는데, 영적으로는 죄가 결정적인 장애물입니다. 하나님의 이름을 거룩하게 하고, 하나님의 나라가 임하게 하고, 하나님의 뜻이 이루어지게 하는 삶을 살려고 하는데 그러한 삶을 살지 못하게 우리의 발목을 잡고 물귀신처럼 자꾸 끌어당기는 영적인 문제가 바로 죄의 문제입니다. 그러므로 주님께서는 우리가 육신의 생명을 보존하는 일용할 양식을 위하여 간구하라고 하신 다음에 바로 이어서 죄 사함을 위하여 간구할 것을 말씀하십니다. 영적인 문제로 넘어오신 것입니다. 그러므로 주기도문의 맥락에서 볼 때, 죄 용서받기를 원하는 것은 단순히 죄 용서받고 깨끗하게 살고 싶다는 도덕적 차원에 머무는 간구가 아닙니다. 죄의 짐을 걸머진 채로는 하나님의 이름이 거룩히 여김을 받게 하고, 하나님의 나라가 임하게 하고, 하나님의 뜻이 이루어지게 하는 삶을 살 수가 없다는 확인에서 오는 간구입니다. 죄를 용서받은 자라야 그런 삶을 살 수 있기 때문에 죄 사함을 간구하는 것입니다. 그러므로 "우리의 죄를 사하소서" 하고 간구하는 중심에는 "하나님 내가 죄 가운데 빠져서 죄의 짐을 걸머지고야 어떻게 하나님을 향한 삶을 살겠습니까?" 하는 갈급함이 있습니다. 죄의 문제를 주님께서는 세 가지로 나누어 다시 말씀하십니다. 죄에 대해서는 용서해 주소서, 유혹에 대해서는 빠지지 말게 하소서, 악에 대해서는 건져 주소서 하는 간구로 이어집니다. 이것이 주님이 가르쳐주신 기도의 나머지 내용들인데, 이곳과 다음 장에서는 죄사함의 간구에 대한 말씀을 나누겠습니다.

죄 사함의 간구가 갖는 세 가지 의미

1) 죄인임을 고백

"우리의 죄를 용서하소서" 하는 간구는 세 가지 의미를 가지고 있습니다. 첫째는 우리는 죽는 순간까지 해결해야 할 죄의 문제를 가지고 있다는 사실을 인정하고 고백하는 것입니다. 다른 말로 하면 "나는 죄인입니다" 하는 고백이지요. 그러므로 육신의 생명을 유지하기 위하여 하루하루 먹고 살 것을 걱정하듯이, 영적인 생명을 유지하기 위하여 살아 있는 동안 평생 이 죄 문제를 걱정합니다. 어떤 사람은 자기는 죄를 범한 적이 없기 때문에 죄인이 아니라고 하는 사람도 있습니다. 예수님을 영접하지 않은 사람입니다. 또 어떤 사람은 자기는 죄 용서를 받았기 때문에 이제 죄가 없다고 말하는 사람도 있습니다. 이 말은 일면 맞기도 하고, 일면 맞지 않기도 합니다(요일 1:8-9). 그러나 여기서 우리의 죄를 용서해 주시라는 것은 불신자가 예수를 영접하고 지옥에 갈 죄에서 용서받는 그 죄를 말하는 것이 아닌 것이 분명합니다. 우리는 그리스도를 영접하여 죄를 다 용서받았습니다. 그래서 지옥에 가지 않습니다. 그러나 주기도문은 영접 기도문이 아닙니다. 이미 예수를 영접하고 근본적인 죄의 문제를 해결 받은 사람이 하는 기도입니다. 하나님을 "하늘에 계신 우리 아버지여"라고 부르는 사람의 기도입니다.

죄에는 두 가지가 있습니다. 하나는 원죄이고, 다른 하나는 자범죄입니다. 원죄란 인간이기 때문에 원래부터 가지고 있는 죄를 말합니다. 그것은 내가 범해서 지은 죄가 아니라 물려받은 죄입니다. 아담과 하와가

에덴 동산에서 범죄 한 이후의 모든 인간은 죄를 범해서 죄인이 되는 것이 아닙니다. 죄인으로 태어납니다. 죄인이기 때문에 죄를 범하는 것입니다. 인간은 곧 죄인입니다. 그것을 가리켜서 우리는 원죄라고 합니다. 그 문제가 해결되지 않으면 지옥에 갑니다. 그러나 예수를 영접함으로 그 문제는 해결됩니다. 지옥에 가지 않는 것입니다. 그리스도를 영접함으로 원죄가 요구하는 그 죄의 책임으로부터 자유로워집니다. 원죄가 요구하는 책임은 바로 지옥입니다. 그런데 그 책임은 예수님이 십자가에서 우리를 대신하여 죽으심으로 다 갚으셨습니다. 우리가 그 예수님을 영접하면 그 책임을 우리가 지지 않습니다. 그런데 그 죄로 말미암아서 인간은 본성적으로 오염되었습니다. 죄가 인간에게 들어옴으로 인간의 본성이 오염되어 여전히 영향을 받고 있는 것입니다. 전적인 타락, 또는 전적으로 부패되었다고 합니다. 그런데 이 부패성이 예수님을 영접할 때 없어지지 않습니다. 그것은 마지막 날에 주님 앞에 설 때에 다 해결되는데, 이 땅에 살 동안은 여전히 우리에게 영향력을 행사합니다. 그러니까 지옥에 가지 않는 사람이지만 계속해서 죄를 짓습니다.

저는 제가 지옥에 가지 않고 천국에 가는 것을 믿습니다. 저의 구주는 예수 그리스도입니다. 성령이 증거합니다. 저는 반드시 천국에 갈 것을 믿습니다. 저는 지옥 가는 죄는 없지만 그런데 또 나 자신이 죄인이라는 것을 압니다. 자주 자주 성경과 하나님이 금하신 죄를 범합니다. 성령이 내 안에서 그것은 죄라고 지적하는 것들을 저는 자주 범합니다. 여러분 가운데 여러 사람이 제가 혈기 부리는 것을 보셨을 것입니다. 여러 사람들이 제가 남을 비판하고 원망하고 심지어는 저주하는 것을 들으셨을 것입니다. 저는 죄인입니다. 어렸을 때 도둑질도 해봤습니다. 아버지 지갑에서 돈 훔치다 많이 맞았습니다. 지금은 도둑질을 하지 않지만 도둑의 심보는 아직도 가지고 있습니다. 제가 저를 볼 때 저는 죄인입니다. 겉으로는 아닙네 하고 있지만 어느 때는 시기심도 생기고 끔찍한 악을 상상하기도 합니다. 죄인입니다. 그래서 요한1서 8-9절에서는 뭐라고 말합니까? "만일 우리가 죄 없다고 하면 스스로 속이고 또 진리가 우리 속에 있지 아니하다. 만일 우리가 우리 죄를 고백하면 저는 미쁘시고 의로우사 우리 죄를 사하신다"고 말씀합니다. 인간은 구원받은 후에도 이 땅에 사는 동안은 여전히 죄를 범하는 죄인입니다. 그러므로 용서받아야 할 죄가 있습니다. 우리가 죄가 없다고 하면 하나님을 거짓말쟁이로 만드는 것이라고 합니다. 이사야는 59장 12절에서 "대저 우리의 허물이 주의 앞에 심히 많으며 우리의 죄가 우리를 쳐서 증거하노니 이는 우리의 허물이 우리와 함께 있음이라 우리의 죄악을 우리가 아나이다"라고 고백합니다. 양심적으로 생각할 때 우리는 죄인이라는 것을 누구도 부인할 수 없습니다. 예레미야 2장 35절은 뭐라고 한 줄 아세요? "보라, 네 말이 나는 죄를 범치 아니하였다 하는 말을 인하여 내가 너를 심판하리라." 죄를 짓고 안 짓고를 떠나서 "나는 죄인이 아니야" 하면 그 말만 가지고도 심판감이라는 것입니다. 그러므로 "우리의 죄를 용서하소서" 하고 기도할 때 우리는 무엇보다도 먼저 "나는 죄인"이라는 사실을 고백하고 있는 것입니다. 그러나 이 말이 나는 예수를 다시 영접하고 구원을 받아야 한다는 말은 아닙니다. 그 죄를 말하는 것이 아니고, 그 죄가 해결된 후에도 계속해서 죄를 짓는 자신의 모습을 인정하고 고백하는 것입니다.

2) 용서가 필요한 존재임을 고백

죄 용서의 간구가 갖는 두 번째 의미는 나는 죄 용서를 받아야만 하는 존재임을 인정하고 고백하는 것입니다. 죽을 때까지 매일의 일용할 양식이 필요하듯이, 죽을 때까지 죄를 용서 받으며 살아야 하는 존재라는 고백입니다. 다윗은 하나님의 세움을 받아 왕이 된 후에 우리아의 아내인 밧세바를 빼앗아 간음하는 죄를 범하였습니다. 후에 그 죄를 절절하게 회개합니다. "내 죄악을 지워주십시오. 나의 죄를 말갛게 씻어주십시오. 나의 죄를 깨끗이 제하여 주십시오"(시 51:1-2). 그리고 이어서 간청합니다. "하나님이여 내 속에 정한 마음을 창조하시고 내 안에 정결한 영을 새롭게 하소서"(시 51:10). 하나님의 용서가 필요한 존재임을 절절하게 인식하고 그 죄의 해결을 간구하는 것입니다.

3) 죄용서는 하나님으로부터 온다는 고백

마지막 세 번째 의미는 일용할 양식이 하나님께로부터 오듯이 죄의 용서도 하나님으로부터 온다는 고백입니다. 그러므로 죄를 용서해 달라고 간구합니다. 바로 앞에서 "하루를 먹고 사는 것도 하나님의 은혜가 아니면 나는 살 수가 없습니다"라고 고백하는 심정으로, 죄 문제의 해결도 하늘에 계신 우리 아버지로부터 온다고 고백하는 것이지요. 그리하여 일용할 양식을 주시라고 간구했던 것처럼, 죄를 용서해 달라고 간구하는 것입니다. 이것은 죄 용서는 하나님으로부터 올 뿐만 아니라, 하나님만이 우리의 죄를 용서하실 수 있으며, 하나님은 우리의 죄를 용서하신다는 확고한 믿음의 표현입니다. 자신이 범한 죄를 놓고 다윗은 하나님 앞에서 이렇게 간청합니다. "우슬초로 나를 정결케 하소서 내가 정하리이다 나의 죄를 씻어주소서 내가 눈보다 희리이다"(시 51:7). "주의 얼굴을 내 죄에서 돌이키시고 내 모든 죄악을 지워주소서"(시 51:9). 다윗이 이렇게 간구하는 그 중심에는 죄 용서는 하나님으로부터 오며, 하나님은 죄를 용서하신다는 철저한 믿음이 자리 잡고 있습니다. 우리가 "우리의 죄를 사하소서" 하고 간구할 때, 우리도 이 믿음과 고백을 근거로 그렇게 한다는 사실을 기억해야 합니다.

자신이 죄인임을 고백할 때 오는 감격

우리가 주님 앞에서 내가 죄인이라는 사실을 발견하고 확인했을 때 거기에 감격이 있습니다. 내가 주님 앞에서 "아 내가 죄인이구나. 주님 앞에서는 내가 소망 없는 죄인이구나!"라는 사실이 실감나게 느껴질 때 거기에 좌절과 절망과 한탄이 있을 것 같은데 뜻밖에도 깊은 감격이 있습니다. 주님 앞이 아니라 그냥 살다가 문득 '나는 죄인이야. 나는 정말 용서받지 못할 악을 많이 행한 놈이야' 하는 생각이 들면 그때는 감격이 일어나지 않습니다. 인생이 한스럽고 짜증나고 죽어버리고 싶고 깊은 좌절을 느낍니다. 그러나 주님 앞에서, 말씀 앞에서, 때로는 기도하다가 "나는 죄인입니다" 하고 자기가 죄인이라는 사실을 확인하고 그 사실을 주님께 고백하면 감격이 됩니다. 감동이 몰려오고 눈물이 납니다. 왜 그런 줄 아세요? 그 깨달음이 우리를 즉각 주님을 바라보게 하기 때문입니다. 내가 주님에 의해서 이 문제를 해결할 수 있다는 소망의 빛을 보게 하기 때문입니다. 그래서 회개하게 되고 그리하여 기뻐지고 감동이 되는 것입니다. 이것이 은혜입니다. 그것이 성령의 감동입니다.

그런데도 근래에는 교인들에게 죄를 지적하거나 회개를 촉구하여 마음에 부담을 주는 설교를 하지 말라는 것이 마치 불문율처럼 되고 있습니다. 한 주간 동안 세상에서 죽게 고생하다가 교회에 나온 교인들에게는 위로와 격려와 축복의 메시지가 필요하다는 것입니다. 그러므로 죄를 지적하고, 회개를 촉구하는 설교를 하여 더 힘들게 해서는 안 된다는 것입니다. 실제로 교인들도 그런 설교를 듣기 싫어합니다. 그러나 그것은 모르는 소리입니다. 성령님은 속에서 계속 죄가 생각나게 하는데, 그래서 마음이 찝찝하고 편안하지 않게 하시는데, 그 위에 마치 최면을 걸 듯이 "괜찮습니다. 하나님은 우리의 연약함을 다 이해하십니다. 하나님은 우리를 있는 그대로 받아주십니다. 하나님은 사랑이십니다. 당신은 사랑받기 위해 태어난 사람입니다. 힘을 내십시오" 하고 아무리 외쳐대어도 진정한 평안은 오지 않습니다. 그것은 위장된 거짓 평안일 뿐입니다. 신자는 자신이 죄인임을 하나님 앞에서 깨닫고 통곡하며 회개할 때 이전에 맛보지 못했던 통쾌함과 속이 후련해지는 참 자유를 비로소 경험하게 됩니다. 그리고 이전에 누려보지 못했던 진정한 평안이 심장 깊은 곳으로부터 터져 나오는 것을 경험하게 됩니다.

교회 역사에서나 성경에서나 부흥의 역사는 그러므로 언제나 하나님 앞에서 자기가 죄인임을 고백할 때 시작되었습니다. 물론 회개가 부흥을 일으키는 조건은 아닙니다. 부흥은 하나님께서 주권적인 은혜의 역사로 일으키십니다. 그러나 하나님이 일으키시는 부흥은 그것이 개인의 부흥이든지 교회의 부흥이든지 아주 많은 경우에 죄 고백과 회개를 수반하였다는 사실은 누구도 부인할 수 없습니다. 1907년에 우리나라에서 일어났던 부흥은 세계 교회의 역사에 남아 있는 부흥의 역사입니다. 윌리암 고프스라는 사람은 그 사건을 작은 책으로 쓰면서 제목을 "전국을 휩쓴 성령의 불"이라고 할 정도로 놀라운 부흥이었습니다. 그러나 그 부흥을 일으킨 시발점은 한 사람이 나와서 쏟아놓은 죄의 고백이었습니다. 한 장로가 나와서 죄를 고백하고 회개하니까 그것이 은혜가 되고, 자기도 회개하겠다는 사람들이 줄을 이어 일어나는 바람에 집회가 그날 저녁에 끝나지 않고 다음날까지 계속되었습니다. 그것으로부터 시작해서 한반도 전체를 휩쓴 부흥이 일어났습니다.

매일 일용할 양식이 있어야 하듯이, 매일 죄 용서의 은혜가 있어야 합니다. 매일 밥을 먹듯이, 매일 죄 용서의 간구가 우리에게 있어야 합니다. 그러므로 주님께서는 "우리의 죄를 용서하소서"라고 기도하라고 하셨습니다.

묵상을 위한 질문

1 "우리의 죄를 사하여 주소서"라고 간구하는 것이 하나님의 이름을 거룩하게 하고, 하나님의 나라가 임하게 하고, 하나님의 뜻이 이루어지게 하는 삶을 사는 것과 무슨 관련이 있습니까?

2 일용할 양식과 죄 용서는 어떤 점에서 우리가 신자로서 하루하루를 살아가는 데 있어서 필수적이라고 할 수 있습니까?

3 "우리의 죄를 사하여 주소서"라고 기도할 때마다 우리가 기억하고 확인해야 하는 것 세 가지는 무엇입니까?

신자의
간구

³⁴ 누가 정죄하리요 죽으실 뿐 아니라 다시 살아나신 이는 그리스도 예수시니 그는 하나님 우편에 계신 자요 우리를 위하여 간구하시는 자시니라

로마서 8:34

¹⁴ 너희가 사람의 잘못을 용서하면 너희 하늘 아버지께서도 너희 잘못을 용서하시려니와
¹⁵ 너희가 사람의 잘못을 용서하지 아니하면 너희 아버지께서도 너희 잘못을 용서하지 아니하시리라

마태복음 6:14-15

오늘은 "우리가 우리의 죄를 사하여 준 것 같이"라는 대목을 함께 나누 겠습니다. 주님께서는 "우리의 죄를 용서해 주소서"라고 간구하라고 하 시면서 특별한 조건을 붙였습니다. "우리가 우리에게 죄 지은 자를 용서 해 준 것처럼"입니다. 이 말에는 중요한 여러 의미가 들어 있습니다.

내가 받은 용서에 대한 반응인 다른 사람 용서

그리스도인의 용서는 언제나 하나님의 용서와 연결되어 있습니다. "우리가 우리에게 죄 지은 자를 용서해 준 것처럼"이라는 말을 글자 그 대로 보면 우리가 다른 사람을 용서한 것이 조건이고 그것의 결과나 보 상으로 하나님도 우리를 용서한다는 전제가 깔려 있는 것처럼 보입니 다. 그러나 우리가 어쩌다 다른 사람들을 용서하게 되는 실제 상황을 가 만히 살펴보면, 내가 용서 받기 위해서 그 사람을 용서한다는 의식으로 하지는 않습니다. "아 내가 용서 받아야 되니까 나도 너를 용서해야지." 이런 생각 때문에 다른 사람을 용서하는 것이 아닙니다. 우리는 용서를 벌기 위하여 용서를 파는 사람들이 아닙니다. "내가 용서 받기 위해서는 내가 너를 용서해 주는 값을 내야만 되기 때문에 너를 용서한다." 그렇지는 않다는 말입니다. 실제로 여러분들이 다른 사람을 용서할 때 어떻게 해서 용서를 하게 되던가요? "나도 하나님께 용서 받아야 하니까 싫지만 너를 용서하겠다." 그렇게 하지 않습니다. "아 저 사람 용서해 줘야지. 언제까지 내가 한을 품고 응어리를 품고 있을 건가. 내가 용서해 줘야지." 그래서 용서하게 되지요? 그런데 언제 그렇게 되던가요? 우리가 하나님께 받은 용서가 생각날 때 그렇게 됩니다. 내가 하나님께 무엇을 받았는가, 내가 하나님께 어떤 용서를 받았는가 하는 것이 정말 깊이 체험될 때, 그래서 그것이 깊은 은혜가 되고, 감사가 될 때 다른 사람에 대하여 품었던 용서할 수 없었던 응어리들이 눈 녹듯이 풀어지면서 "용서해야지"라는 마음이 들게 됩니다. 그래서 용서가 됩니다.

성경이 그리스도인에게 용서를 말할 때는 언제나 그 밑바닥에 전제되어 있는 것이 있습니다. 우리가 용서 받은 자들이라는 것입니다. 에베소서 4장 32절의 말씀이 바로 그 말씀입니다. "서로 인자하게 하며 불쌍히 여기며 서로 용서하기를 하나님이 그리스도 안에서 너희를 용서하심과 같이 하라." 너희가 서로서로 인자하게 하고 불쌍하게 여기고 서로 용서해 주기 위해서 먼저 확인할 것이 있다는 것입니다. 그것이 무엇인가? "하나님이 그리스도 안에서 너희를 용서하신 것 같이"입니다. 하나님이 그리스도 안에서 너희를 용서하신 그 용서가 무엇인지 알고, 그것을 근거로 용서할 수 있다는 것입니다.

그러므로 그리스도인이 다른 사람을 용서하는 것은 도덕 수준의 문제가 아닙니다. 인격 수양의 문제가 아닙니다. 신앙의 문제입니다. 하나님이 그리스도 안에서 나를 어떻게 용서하셨는가, 하나님께 내가 받은 것이 무엇인가, 그것을 깊이 체험할수록 우리는 서로를 용서할 수 있습니다. 예수님의 말씀도 결국 그것을 근거로 너희도 용서하라는 것입니다. 그러므로 그리스도인의 용서는 선행이나 덕행이기 전에 책임입니다. 엄밀하게 말하면 빚 갚기입니다. 자신이 하나님께 받은 용서에 대한 당연한 반응입니다. 따라서 다른 사람이 도무지 용서가 안 될 때는 "내 마음을 너그럽게 해주십시오"라고 기도하기 전에 먼저 해야 할 기도가 있습니다. "하나님 내가 하나님께 어떤 용서를 받았는가를 절절히 느끼고 실감할 수 있게 해주세요" 하고 기도해야 합니다. 왜냐하면 그리스도인의 용서는 자기가 하나님께 어떤 용서를 받았는가를 실감할 때 그것에 대한 당연한 반응으로 나타나는 자연발생적이고 필연적인 행위이기 때문입니다. 그러니까 용서는 인격이나 덕이나 선행의 문제가 아니라, 신앙의 문제라고 말하는 것입니다.

누가복음 17장 2절에서 예수님은 제자들에게 "만일 하루에 일곱 번이라도 네게 죄를 짓고 일곱 번 네게 돌아와 내가 회개하노라 하거든 너는 용서하라"고 말씀하십니다. 이 말씀을 들은 사도들이 즉각 나타낸 반응은 이것이었습니다. "우리에게 믿음을 더하소서"(3절). 사도들은 예수님이 말씀하시는 용서라는 것은 믿음의 문제요, 믿음이 자라야 하는 문제라고 알아차린 것입니다. 그래서 그렇게 말한 것입니다. "우리에게 믿음을 더하소서. Increase our faith!" 마태복음 18장에서는 다른 방식으로 용서를 말씀합니다(21-35절). 베드로가 먼저 질문을 하는 것으로 시작을 합니다. "주여, 형제가 내게 죄를 범하면 몇 번이나 용서하여 주리이까? 일곱 번까지 하오리이까?" 일곱 번도 가능한 게 아닌데 예수님은 더 지독한 말로 대답하십니다. "일곱 번뿐 아니라 일곱 번을 일흔 번까지라도 할지니라." 그리고 바로 이어서 하시는 말씀이 그 유명한 갚을 능력이 없는 일만 달란트의 빚을 탕감 받은 종의 이야기입니다. 1억을 빚진 종이 있었습니다. 결산을 해야 하는데 그는 도무지 빚을 갚을 능력이 없습니다. 그의 처지를 불쌍하게 여긴 주인이 그 큰 돈을 그냥 탕감해주었습니다. 대박을 만난 것이지요. 그런데 그 사람이 돌아가다가 10만원 받을 것 있는 친구를 만났습니다. 그러자 그의 멱살을 붙잡고 그 돈을 당장 내놓으라고 독촉합니다. 친구가 돈이 없다고 사정사정하면서 시간을 달라고 엎드려서 애원합니다. 그러나 이 사람은 그것을 허락하지 않고 옥에 처넣어 버렸습니다. 이 사실을 1억을 탕감해준 주인이 알게 되었습니다. 다시 붙잡아 왔습니다. 그리고 말합니다. "악한 종아!" 자기의 정당한 권리를 주장한 것이 왜 악한 것이 되는 것일까요? 내 돈을 빌려간 사람에게 빚을 갚으라고 요구하는 것은 정당한 권리 아닌가요? 그런데 주인은 이어서 이 사람을 악한 인간이라고 판정하는 근거를 제시합니다. "네가 빌기에 내가 네 빚을 전부 탕감하여 주었거늘 내가 너를 불쌍히 여김과 같이 너도 네 동관을 불쌍히 여김이 마땅치 아니하냐?" 그리고는 탕감해주었던 것도 취소해 버리고 이 사람을 감옥에 넣어 버렸습니다. 이 사람의 근본적인 문제는 무엇일까요? 자기가 용서해야 할 것보다 자기가 용서 받은 것이 얼마나 엄청난 것인지에 대한 확인도 감동도 책임감도 없는 것입니다. 자기가 받은 것에 대해서는 까맣게 잊어버리고, 자기가 받을 것에만 집착한 것입니다. 이 사람이 악한 사람으로 판정받는 근거는 자기가 빌려준 돈을 달라고 권리를 주장해서가 아닙니다. 자기가 이미 받은 은혜에 부응할 책임을 거부했기 때문입니다. 예수님은 이 비유를 이렇게 마무리하십니다. "너희가 각각 중심으로 네 형제를 용서하지 아니하면 네 천부께서도 너희에게 이와 같이 하시리라"(35절). 이 말씀에는 이미 하늘의 아버지께 엄청난 탕감을 받은 사실이 전제되어 있습니다. 마태복음 6장에서 기도를 가르치시기가 끝나자마자 예수님께서 하시는 말씀도 용서에 대한 말씀입니다. "너희가 사람의 과실을 용서하면 너희 천부께서도 너희 과실을 용서하시려니와 너희가 사람의 과실을 용서하지 아니하면 너희 아버지께서도 너희 과실을 용서하지 아니하시리라"(마 6:14-15). 여기에도 이미 천부께로부터 받은 용서가 우리의 형제 용서를 요구하는 근거로 전제되어 있습니다. 사실 우리가 용서해야 할 다른 사람들은, 우리가 1억 탕감 받고 집에 돌아가다가 길거리에서 만난 내 돈 10만원 떼먹은 친구들입니다.

그러므로 우리가 다른 사람을 용서해야 하는 것은 하나님이 우리를 용서하시는 결과를 일으키는 원인이나 조건으로 요구되고 있는 것이 아닙니다. 이미 받은 결과에 대하여 반응할 책임으로 요구되고 있습니다. 그런데도 마땅히 해야 할 그 당연한 일을 한 것을 근거 삼아 "우리가 우리에게 죄 지은 자를 용서한 것 같이 우리 죄를 용서하소서"라고 또 용서를 요청할 수 있다는 것은 그 자체가 놀라운 은혜일 뿐입니다. 여기 "너희"를 주기도문의 용어로 말하면 "우리"입니다. 우리에게 주신 말씀입니다. 우리 안에도 이런 일이 있을 수 있다는 것입니다. 그러니까 우리가 왕에게 얼마를 탕감 받았는가에 대한 확인과 감동과 감사와 감격이 없으면 1억을 거저 받고도 10만원 떼먹은 친구의 멱살을 잡고 감옥에 처넣는 모순과 악을 범하게 됩니다.

　결국 "우리가 우리에게 죄 지은 사람을 용서한 것처럼"이라는 기도에 깔려 있는 중요한 전제 조건은 하나님께서 나를 용서해 주신 사실에 대한 인식입니다. 이전에 이미 우리가 하나님께 용서 받은 사실, 계속해서 용서 받고 있는 사실을 정직하게 인정하는 것입니다. 그리고 그 은혜에 대한 깊은 감동과 감격과 감사를 품고 나에게 죄를 범한 사람을 보는 것입니다. 그것이 "우리가 우리에게 죄지은 사람을 용서"할 수 있게 되는 원동력입니다. 우리가 다른 사람을 용서할 때는 내가 너보다 도량이 넓으니까, 나는 너보다 인격 수양이 잘되었으니까, 내가 너보다 수준이 높으니까, 하는 마음으로 하는 것이 아닙니다. 나도 하나님께 용서 받았으니까 하는 마음으로 용서하는 것입니다. 그러므로 내가 다른 사람을 용서할 때, 비로소 나는 하나님께 용서 받은 사람이라는 사실이 증명됩니다. 용서할 권리가 있어서 용서하는 것이 아닙니다. 전에 어떤 사람이 용서에 대해서 이렇게 말한 적이 있습니다. "내가 다른 사람에 대하여 나는 너를 용서할 권리가 있다고 생각하면서 용서하는 한 그것은 끝끝내 용서가 아니다. 그런 생각을 하고 있는 사람은 용서할 수 있는 사람이 아니다." 그리스도인의 용서는 어떤 의미에서는 빚 갚는 일입니다. 내가 너를 용서해 줄 권리가 있기 때문이 아니고, 나도 용서 받은 빚쟁이니까, 하고 용서하는 것입니다. 내가 너한테 받을 빚보다 내가 탕감 받은 빚이 훨씬 많다는 사실 때문에 다른 사람을 용서 할 수밖에 없어서 용서하는 것입니다. 그러므로 그 용서에는 아쉬움이나 손해봤다는 억울함이 전혀 없습니다. 기쁨과 감사가 있습니다.

내가 용서를 받기 위한 조건인 다른 사람 용서

우리가 다른 사람을 용서하는 것은 이미 받은 용서에 대한 당연한 반응인데도, 예수님은 "우리가 우리에게 죄 지은 자를 사하여 준 것 같이 우리의 죄를 사하여 주시라"고 간구하라고 하시는 데는 또 다른 중요한 의미가 있습니다. "하나님 내 죄를 용서해 주십시오" 하고 요청할 때, "나도 다른 지체들을 이렇게 용서했습니다" 하면서 용서한 증거를 하나님께 내어 놓아야 한다는 말입니다. 그리하여 그리스도인들이 다른 사람들을 용서한 것이 하나님께 나의 용서를 구하는 근거가 되는 것입니다. 이렇게 놓고 보면 우리가 다른 사람들을 용서한다는 것이 정작 우리 자신을 위하여 얼마나 중요한 일인지 모릅니다. 이런 점에서 보면 다른 사람들을 용서하는 것은 우리에게 억울함이 아니라 은혜이고 감동입니다. 실제로 하나님은 우리를 용서하실 때 다른 사람을 용서할 것을 조건부로 요구하실 때가 있다는 것을 자주 경험합니다. 어떤 분이 어려운 문제가 있어서 열심히 기도하는데 오랫동안 응답이 안 되었습니다. 왜 그러는지 알 수가 없었습니다. 그러다가 혹시 하는 생각이 들어서 어렵게 물어보았습니다. "집사님 마음속에 혹시 어떤 사람에 대한 미움이나 아직 해결하지 못한 응어리가 있으십니까? 아직도 용서할 수 없는 어떤 사람이 마음에 남아 있지는 않습니까?" 그분이 대답했습니다. "나는 벌써 풀어졌고, 아무 응어리도 없어요. 그런데 그 사람이 못 풀고 있지요...." 그러면서 오래 전에 어느 교인과 심하게 다투며 상처를 받았던 일을 털어놓았습니다. 말로는 이미 풀어버렸다고 하면서도 사실은 여전히 그 사람에 대한 원망과 응어리들을 풀지 않고 있었습니다. 하나님께서는 우리 마음속에 있는 다른 사람에 대한 용서하지 않은 응어리들을 해결해야만 그다음 일을 진행하시겠다며 우리가 용서하기를 기다리실 때가 있습니다. 우리가 용서를 해야만 드디어 하나님도 일을 하실 수 있기 때문이 아닙니다. 그것이 우리에게 은혜이고 복이어서 그렇습니다. 예를 들어 우리가 다른 사람에게 오백만 원 받을 것이 있는데, 그 사람이 너무 어려워서 받을 길이 없습니다. 그런데 어떤 사람이 나서서 내가 그 사람에게 그 오백만 원을 탕감해 주면 그 대신 자기가 나에게 오천만 원을 주겠다고 합니다. 그런데 오백만 원 포기하는 것이 아깝고 억울해서 계속 붙잡고 있다면 그것은 바보 같은 짓 아닙니까? 오백만 원 빨리 포기해 버리고 오천만 원을 받는 것이 지혜로운 것 아닙니까? 우리가 용서하지 못하고 있는 것을 용서하고 해결하도록 하나님은 우리를 위한 그다음 응답을, 그다음 일의 진행을 이것을 조건부로 미루어놓고 계실 때가 있습니다.

용서의 다양한 모습들

마태복음에 기록된 주님이 가르쳐 주신 기도에서 말하는 죄라는 단어의 의미는 빚, 부채, 도덕적인 책임, 윤리적인 의무, 이런 것을 말합니다. 이런 것을 용서하라는 것입니다. 물론 누가복음에서는 과녁에서 벗어났다는, '하마르티아'라는 말을 썼지만 근본은 같은 것입니다. 죄의 모양이 다양하듯이 용서의 모습도 다양합니다. 어떤 사람에게는 어깨를 두드려 주면서 "괜찮아!" 하는 것이 용서일 수 있습니다. 어떤 사람에게는 가서 한번 따지고 싶지만 묵묵히 참아버리는 것이 용서일 수 있습니다.

어떤 사람에게는 돈을 빌려 주었는데 그 앞에 가서 차용증 찢어 버리고 "그 돈 안 받을게!" 하는 것이 용서일 수도 있습니다. 어떤 사람은 묵묵히 기다리는 것이 여기서 말하는 용서의 모습일 수도 있습니다. 상황에 따라, 처지에 따라 용서의 모습이 다양할 수 있습니다. 그러므로 어떤 방식으로 용서를 할 것인지 고민이 있어야 하고, 그것을 실천하는 행동이 있어야 합니다.

코리텐 붐 이야기

코리텐 붐 여사의 이야기입니다. 이 사람은 사랑의 사도, 화해의 사도라고 불리기도 한 분입니다. 독일 나치에게 언니와 함께 끌려가서 옥살이를 했습니다. 그 와중에 언니는 옥에서 죽었습니다. 코리텐 붐은 후에 풀려나자 전국을 다니며, 그후에는 전 세계를 다니면서 용서와 화해의 메시지를 전하였습니다. 이 여자의 집회에는 수많은 사람들이 모여서 많은 감동을 받았습니다. 집회가 끝나면 자기 앞으로 나오는 사람들마다 손을 잡아 주는데 이 여자의 손을 한번 잡으려고 사람들이 줄을 서서 나옵니다. 한번은 집회가 끝나고 또 사람들이 줄을 서서 나오는데 이 사람이 소스라치게 놀랐습니다. 사람들이 다가오고 있는 줄 뒤쪽에 자기가 감옥에 있을 때 간수였던 사람이 있었던 것입니다. 이 간수는 얼마나 악독하게 굴었는지 옷을 완전히 벗겨놓고 희롱을 하고 자기 언니를 결국 감옥에서 죽게 한 사람이었습니다. 정말 용서할 수 없는 사람인데 그 사람이 거기 그 줄 가운데 서 있는 것입니다. 그 사람을 보자 감옥에서 당했던 일들이 떠오르고 분노가 치솟았습니다. 저 사람만은 도저히 용서할 수 없다는 생각이 들었습니다. 그때부터 고민이 생겼습니다. 점점 줄이 짧아지고 그 사람이 자기를 향하여 다가오고 있습니다. 코리텐 붐 여사는 그렇게 기도했답니다. "하나님 내가 저 사람도 용서해야 합니까?" 갈등하고 있는데 그 사람은 점점 가까이 오고 있습니다. 코리텐 붐은 그 사람이 눈앞에 다가온 마지막 순간에 "저 사람도 용서하겠습니다!" 하고 결단을 하고 손을 잡았는데 그 사람도 손을 잡더랍니다. 붐 여사가 나중에 그때의 경험을 회상하면서 이렇게 말했습니다. "내가 용서하기로 결심하고 그 사람의 손을 잡는 순간, 내가 이전에 한 번도 경험하지 못했던 평안이 내 몸 밖으로부터 내 속으로 들어오는 것을 느꼈다." 하나님 때문에 용서할 때 은혜의 경험이 있습니다. 우리에게 죄 지은 사람을 용서하는 것은 우리에게 무거운 부담이고 억울한 상처가 아니라, 깊은 감동과 은혜를 실감하는 기회가 됩니다. 평생 용서받고 또 평생 용서하면서 살다가 주님을 만나는 것은 우리 그리스도인들만이 누리는 놀라운 복입니다.

공동체적 책임으로서 다른 사람 용서

우리는 앞에서 "우리에게 일용할 양식을 주옵소서"라는 간구를 묵상하면서 주기도문에서는 "우리"라고 하는 공동체가 강조되어 있다는 것을 주목하였습니다. 그리하여 우리 가운데 누군가가 일용할 양식이 없어서 육신의 생명을 보존하는 데 결정적인 장애를 받아서 제자로서의 거룩한 삶을 살지 못하는 사람이 있다면 우리가 공동으로 책임을 지겠다는 공동 책임의 의미가 있음을 강조하였습니다. "우리가 우리에게 죄

지은 자를 사하여 준 것 같이"라는 고백도 같은 맥락에서 중요한 의미를 담고 있습니다. 누군가가 나한테 죄를 지었는데 내가 그 죄를 용서하지 않기 때문에 그 사람이 아직도 죄를 걸머지고 있어서 하나님 앞에서 거룩한 삶을 사는 일에 결정적인 장애를 받는 일이 우리 가운데서 일어나게 하지는 않겠다는 공동체적 책임을 표명하는 것입니다. 우리가 서로 그 책임을 걸머지겠다는 선언입니다. 우리가 어떤 사람의 죄를 용서하지 않음으로 그가 하나님의 이름이 거룩히 여김을 받게 하고, 하나님의 나라가 임하게 하고, 하나님의 뜻이 이루어지게 하는 거룩한 삶을 사는 일에 장애가 되고 거침이 되고 있다면 이것은 내가 무서운 죄를 범하고 있는 것이 됩니다. 우리가 다른 사람을 용서한다는 것은 사실은 하나님의 이름과 나라와 뜻과도 직결되어 있다는 것을 알아야 합니다.

결국, "우리가 우리에게 죄 지은 자를 사하여 준 것처럼 우리의 죄를 용서해 주십시오"라고 기도할 때, 사실은 다음과 같은 고백과 결단을 하나님 앞에 내어놓고 있는 것이라는 사실을 기억해야 합니다. "하나님 나는 평생 용서를 받으며 살아야 하는 죄인입니다. 죄의 용서는 하나님으로부터 오는 것입니다. 하나님, 내가 하나님께 죄 용서 받은 것을 생각하면, 용서하지 못할 다른 사람이 내게는 있을 수 없습니다. 하나님 내가 용서하지 않고 있기 때문에 하나님의 거룩한 도구로서 삶을 사는 데 결정적인 장애를 받는 사람들이 없도록 내가 다른 사람을 용서하겠습니다. 하나님 내가 죽는 순간까지 용서 받아야 할 사람임을 알고 그 용서를 받기 위하여 나도 용서하면서 살겠습니다."

묵상을 위한 질문

1 "우리의 죄를 사하여 주옵소서"라고 기도할 때 우리가 기억해야 할 구체적인 세 가지 내용은 무엇입니까?

2 우리가 다른 사람이 우리에게 지은 죄를 용서해야 하는 이유는 무엇입니까?

3 다른 사람을 용서하는 구체적인 방식은 어떤 것들이 있습니까?

신자의 간구

09

우리를
시험에 들게
하지 마소서

-
-
-

¹³ 사람이 시험을 받을 때에 내가 하나님께 시험을 받는다 하지 말지니 하나님은 악에게 시험을 받지도 아니하시고 친히 아무도 시험하지 아니하시느니라
¹⁴ 오직 각 사람이 시험을 받는 것은 자기 욕심에 끌려 미혹됨이니
¹⁵ 욕심이 잉태한즉 죄를 낳고 죄가 장성한즉 사망을 낳느니라

야고보서 1:13-15

"우리를 시험에 들게 하지 마시옵고 다만 악에서 구하시옵소서" 하는 간구를 어떤 학자들은 하나의 간구로 해석합니다. 그래서 주기도문은 하나님을 위한 간구 3개, 사람을 위한 간구 3개로 되어 있다고 말합니다. 그러나 다른 학자들은 시험에 들게 하지 마소서와 악에서 구하소서를 두 개의 간구로 인정하여 사람을 위한 간구가 4개라고 합니다. 마태복음의 기도에는 다만 악에서 구하시옵소서, 라는 간구가 있습니다. 그러나 누가복음 11장의 기도에는 이 간구가 없습니다. 그래서 어떤 사람은 누가복음에 있는 것을 표준으로 삼고, 다른 사람은 마태복음에 있는 것을 표준으로 삼기도 합니다. 그러나 우리는 이것을 하나씩 나누어서 사람에 대한 간구가 4개라는 입장에서 생각하려고 합니다.

시험의 의미

야고보서 1장에는 시험이라는 말이 두 번 나오는데 우리말 번역은 똑같이 시험이라고 되어 있지만 야고보서에 쓰인 두 단어는 완전히 다른 단어입니다. 2절에서는 "내 형제들아 너희가 여러 가지 시험을 만나거든 온전히 기쁘게 여기라"라고 합니다. 왜냐하면 "너희 믿음의 시련이 인내를 만들어 내고 인내가 결국은 너희로 온전하고 구비하여 부족함이 없는 완전함에 이르게 하기 때문"이라고 합니다. 그런데 이것은 주기도문에서 주님이 말씀하신 시험이 아닌 것이 분명합니다. 시험을 만나서 기쁘게 여기라는데 주님은 시험에 들지 말게 해달라고 기도하라고 하셨으니까 주님이 말씀하신 시험하고는 다른 것이라는 것을 알 수 있지 않습니까? 그런데 야고보서 1장 13절에 가면 "사람이 시험을 받을 때에 내가 하나님께 시험을 받는다 하지 말지니 하나님은 악에게 시험을 받지도 아니하시며 친히 아무도 시험하지 아니하시느니라"고 말씀합니다. 여기서는 시험을 우리가 받아서는 안 될 것으로 말합니다. 뿐만 아니라, 하나님은 사람을 시험하지 않으신다고 합니다. 앞에서는 하나님이 사람을 온전하게 하고 그래서 점점 자라게 하시려고 사용하시는 방편으로서 시험을 말합니다. 그런데 뒤에서는 하나님이 시험하지 않으시며, 하나님은 시험과 전혀 관계가 없는 것으로 말씀합니다. 앞의 시험과 뒤의 시험은 그 의미가 다릅니다. 둘 다 똑같이 시험이라고 써 놓았지만 원래 글자는 완전히 다른 단어입니다. 앞에 있는 것은 연단한다는 말입니다. 테스트 해본다는 말입니다. 우리가 공부를 열심히 하고 시험을 치는 것은 내 실력이 얼마나 되는가를 알아보려고 하는 것입니다. 공부를 열심히 한 사람은 시험이 있을수록 좋지요. 왜냐면 자기가 열심히 공부를 했다는 것을 드러낼 기회가 되기 때문입니다. 그래서 공부 잘하는 아이는 시험이 없으면 학교 갈 맛이 나지 않겠지요? 그러나 이 뒤에 있는 시험은 사람을 온전하게 하고 테스트하고 연단하는 그런 시험, 곧 시련을 말하는 것이 아닙니다. 미혹하고 유혹해서 그 사람을 망하게 하려는 것을 말합니다. 이 두 시험은 그 결과가 정반대로 나타납니다. 주님께서 시험에 들지 않게 되기를 간구하라고 가르치신 그 시험은 바로 이 두 번째 의미의 시험을 말합니다. 이런 시험은 마귀가 하는 것입니다. 하나님은 사람을 테스트하십니다. 우리로 하여금 온전하게 하고 준비되게 하셔서 부족함이 없게 하려고 하나님은 때때로 우리를 연단이라는 도구로 시험을 하십니다. 그러나 우리를 올무에 꿰어 끌고 가서 멸망의 구렁텅이에 빠지도록 유혹하거나 미혹하시지는 않습니다. 그것은 마귀가 하는 짓입니다. 하나님은 그런 짓을 하지도 않으실 뿐 아니라, 그런 짓을 당하시지도 않습니다. 누구도 하나님을 그런 의미에서 시험 할 수는 없습니다.

시련을 당하다 시험에 빠질 위험

주기도문에서 주님이 말씀하신 시험은 우리가 당해서는 안 되는 시험입니다. 그 시험은 사탄의 유혹을 말합니다. 단어도 야고보서의 두 번째 나오는 유혹 혹은 미혹을 의미하는 그 단어입니다. 그런데 하나님이 우리를 온전케 하시고 우리를 성장시키고 복되게 하시려고 주시는 시험 곧 시련으로 시작했는데 그것을 견뎌 나가는 과정에 우리가 들지 말아야 할 마귀가 주는 시험이 끼어 들어올 때가 있습니다. 다시 말하면, 하나님은 우리가 그 시련을 인내하고 그래서 인내를 온전히 이룸으로써 우리의 믿음이 자라고 신앙이 자라고 인내한 이후에 하나님이 우리에게 주시려고 예비했던 그 결과를 받음으로 그것이 복이 되게 하시려는 계획을 가지시고 우리에게 시련을 주셨습니다. 그러니까 "이 시련은 하나님이 나를 성숙케 하고 온전케 하려고 주시는 연단이다. 그러니 이것을 잘 참고 인내하면 결국 복이 될 것이다" 하고 기쁨으로 받아들여야 하지요. 그런데 그렇게 받아들이지 않고 원망하고 불평하고 탄식하고 하늘을 향하여 삿대질하고 의심을 하는 것입니다. 그러니까 그 틈새를 노리고 사탄이 끼어들어 오지요. 사탄이 유혹을 하고, 우리는 그 유혹에 빠져들어 하나님을 등지게 됩니다. 이것은 전혀 하나님이 의도하지 않으신 것이지요. 때로는 처음에는 바르게 받아들이고 잘 인내하며 나가다가 그 과정이 너무 힘들고 혹은 시간이 길어지니까 도중에 태도가 변하여 사탄이 던져 놓는 올무에 빠져 버리는 경우도 있습니다. 그리하여 인내하는 대신 원망하고 불평하고 하나님께 등을 돌리는 행동을 해버리는 데로 나아가는 것입니다. 우리가 반응을 어떻게 하느냐에 따라서 기쁨의 도구로 시작했던 그 시련을 엉뚱하게 사탄의 도구가 되게 하는 결론으로 끌고 갈 수 있는 것입니다. 우리를 시험에 들지 말게 해주시라는 간구는 이런 내용까지를 담고 있습니다.

간구의 의미

"우리를 시험에 들게 하지 마소서"라는 간구는 하나님이 우리를 시험으로 자꾸 밀어 넣으시는데 그렇게 하지 말아 달라고 하나님을 말리는 기도인 것처럼 오해하기 쉽습니다. 그러나 그런 의미가 아닙니다. 우리에게 닥쳐오는 시험에 대하여 하나님께 드리는 이 간구는 세 가지의 중요한 의미를 담고 있습니다.

1) 고백과 선언
첫째, 하나님은 우리를 시험으로부터 보호하시는 분이라는 고백이요 선언입니다. 하나님이 우리를 자꾸 시험으로 끌고 가시는데 하나님 그러지 말아주십시오 하고 만류하는 기도가 아닙니다. 하나님은 그의 백성을 시험 가운데로 몰아가는 분이 아니다는 고백과 선언입니다. 하나님 당신은 우리를 시험으로부터 보호하시는 하늘에 계시는 우리의 아버지입니다라는 강한 표현입니다. 하나님과 우리와의 관계에 대한 우리의 확신을 분명히 고백하는 것이지요. 그래서 존 맥아더는 이 간구를 "보호의 기도"라고 말했습니다. "오늘날 우리에게 일용할 양식을 주옵소서"가 양식의 기도"라면, "우리의 죄를 사하여 주옵소서"는 "용서의 기도"이며, "우리를 시험에 들게 하지 마소서"는 "보호의 기도"라는 것입니다. 단순히 시험을 만나지 않게 해달라는 의미가 아니라, 우리를 보호해 달라는 간구인 것입니다. 그러므로 "하나님 우리를 자꾸 시험에 밀어 넣지 마십시오" 하는 생각을 갖고 이 간구를 하지 말아야 합니다. "옳습니다. 하나님 당신은 우리를 시험에 들게 하는 분이 아닙니다. 시험으로부터 우리를 보호하시는 우리의 아버지이십니다"라는 생각을 품고 이 간구를 드려야 합니다. 그러므로 이 간구는 우리에게 닥쳐오는 시험 앞에서 하나님과 우리와의 관계가 무엇인가에 대한 고백과 선언이라고 할 수 있습니다. 시험 앞에서 갖는 하나님에 대한 우리의 믿음의 고백이고 선언입니다. 하나님은 우리를 시험 가운데로 밀어 넣는 분이 아니다. 하나님은 우리를 시험으로부터 보호하시는 분이다 라는 것을 고백하고 그 믿음을 선언하는 것입니다. 야고보서에서도 하나님은 우리를 시험하시는 분이 아니라는 이 사실을 분명히 합니다. "사람이 시험을 받을 때에 내가 하나님께 시험을 받는다 하지 말지니 하나님은 악에게 시험을 받지도 아니하시고 친히 아무도 시험하지 아니하시느니라"(약1:13).

: 157 우리를 시험에 들게 하지 마소서

2) 결단

둘째는 시험에 빠지지 않겠다는 결단입니다. 이것은 시험에 들지 않겠다는 의지를 표명하고 그것을 하나님께 아뢰는 간구입니다. 시험을 이기기 위하여 내가 할 일을 하겠다는 결단의 표현입니다. 시험에 쉽게 넘어가고 또 빠져드는 삶이 아니라, 시험을 대적하고 극복하고 이기기 위한 나의 책임을 감당하겠다는 결단입니다. 자기는 가만히 있고 모든 책임을 하나님께 떠넘기는 무책임한 태도에서 하는 간구가 아닙니다. 시험을 이기기에는 너무나 연약하고 무능하여 자주 넘어지는 자신임을 알면서도 그러나 다시 일어나고 다시 싸우고 그래서 시험에 빠지지 않기 위한 몸부림과 노력을 계속할 것을 약속하는 것입니다.

3) 절대적 의존

셋째는 하나님을 의존하는 고백입니다. 우리는 앞에서 일용할 양식을 구하는 것이 하찮아 보이고 지극히 작은 일 같지만 그것마저도 하나님께서 주셔야만 된다는 하나님에 대한 절대적인 의존의 표현임을 확인하였습니다. 마찬가지로, 시험의 문제도 하나님이 보호해 주셔야만 우리는 안전할 수 있다는 하나님에 대한 절대 의존의 표현입니다. 시험의 종류에 따라서 사람들은 이런 시험 정도는 스스로 처리하고 이길 수 있다고 잘못 생각하기도 합니다. 어떤 시험은 자신이 결심만 하면 해결할 수 있고, 어떤 시험은 자기가 자력으로 이길 자신이 있다고 생각하는 경우가 있습니다. 어떤 사람은 "돈 문제? 그 정도는 자신 있어!" 하기도 합니다. 저도 그런 적이 있습니다. 제가 신학교를 갔을 때 목사는 세 가지 시험만 들지 않으면 성공한다는 이야기를 들었습니다. 그 세 가지 중에 첫 번째가 돈 문제였습니다. 두 번째가 이성 문제, 세 번째는 명예 문제였습니다. 이 세 가지 시험만 이기면 목회 성공한다고 여러 목회자들이 말해 주었습니다. 그래서 열심히 기도했는데 어느 정도 기도하다 보니까 아직 어려서 그랬는지 명예 문제? 그건 내가 이길 수 있을 것 같다 하는 자신감이 생겼습니다. 부교역자 때 그렇게 어렵게 살았어도 살아지는 걸 보고 아 돈 문제도 내가 이길 수 있을 것 같다는 생각이 들더라고요. 그런데 내가 이 정도는 이길 수 있다고 자신하는 것도 지나놓고 보니까 그 자체가 매우 교만한 것이었습니다. 사람이 자기 힘으로 극복하고 이겨 보려고 노력하지만 그러나 노력한다고 이길 수 있는 시험거리가 없다는 것을 체험하게 되었습니다. 그렇게 강했던 사람이 한순간에 뭐가 씌웠는지 도저히 믿어지지 않는 작은 시험에 넘어가서 큰일을 저지르기도 합니다. 그러므로 아무리 사소한 시험이라 할지라도 하나님이 그 시험에서 건져 주시고 그 시험에 들지 않도록 해주셔야 삶의 현장에서 만나는 시험들을 이길 수 있다는 사실을 인정해야 합니다. "우리를 시험에 들게 하지 마소서" 하는 간구가 바로 그 고백이고 하나님에 대한 절대 의존의 표현입니다.

그러나 이 말을 모든 책임을 하나님께 떠넘기는 것을 정당화하는 근거로 삼아서는 안 됩니다. 내가 실패하면 하나님이 막아 주시지 않아서 넘어간 것이고, 내가 이기면 하나님이 나를 막아 주셔서 이겼다, 이런 말은 아닙니다. 나는 그냥 로봇처럼 가만히 있고 하나님께 모든 책임이 있어서 내가 혹시 시험에 빠지고 넘어졌으면, 하나님이 나를 지켜 주시지 않아서 일어났으므로 하나님의 책임이다, 하는 의미에서 절대 의존이 아닙니다. 나는 시험에 들지 않으려고, 시험을 이기려고 몸부림치고 애를 쓰지만 결국은 이런 노력마저도 하나님이 받아 주시고 하나님이 건져 주셔야 한다는 하나님 앞에서의 겸손과 신뢰라는 점에서 하나님 절대 의존입니다.

간구에 포함되어 있는 구체적인 내용

1) 죄 된 본성으로 말미암은 유혹에 빠지지 말게 하소서
우리 마음속에서 욕심에 끌려 미혹을 받으므로 당하는 시험에 빠지지 않게 해주시라는 것입니다. 이 시험은 자기 자신의 욕망, 혈기, 야망, 이기심 같은 것이 발동해서 짓는 죄악들 입니다. 우리가 죄 된 본성의 유혹에 빠져서 죄를 범치 않게 해주시기를 구하는 것입니다. 우리 내부에서 일어나는 여러 가지 유혹들, 내 스스로 받는 미혹들에 빠지지 않기를 간구하는 것입니다.

2) 주님의 일에 거침이 되는 시험에 빠지지 말게 하소서
복음서 전체의 맥락에서 볼 때 우리가 빠지지 말아야 할 시험이 있습니다. 주님의 일을 방해하는 다양한 현상들입니다. 예수님의 제자들이 예수님이 원하시고 위탁하시고 계획하신 일들을 하지 못하도록 마귀가 방해하는 것을 말합니다. 이것을 가리켜서 복음서에서는 시험이라고 합니다. 예수님이 세 사람의 제자들을 데리고 겟세마네 동산에 올라가셔서 제자들에게 부탁하셨습니다. "시험에 들지 않게 깨어 기도하라." 이 시험은 예수님이 지금 메시야로서 사역을 감당하는데 있어서 그 사역을 하지 못하도록 사탄이 방해하는 그 시험입니다. 예수님이 공생애를 공식적으로 시작하시기 위하여 광야에서 40일 금식 하실 때 사탄은 예수님을 찾아와 세 차례 시험하였습니다. 그 시험은 이런 것이었습니다. "이 돌들로 떡덩이가 되게 하여 네가 하나님의 아들이라는 것을 증명해 보라!" "이 성전 꼭대기에서 뛰어내려서 하나님이 너를 보호하게 하여 네가 하나님의 아들이라는 것을 증명해 보라!" "눈에 보이는 천하만국의 영광을 얻고 싶다면, 내게 절하라." 그 시험의 본질은 예수님이 하나님의 아들이요 메시야로서 가시는 길을 가지 못하도록 방해하거나 왜곡하는 것이었고, 복음서는 그것을 예수님에 대한 사탄의 시험이라고 밝히고 있습니다. 그러므로 우리가 "우리를 시험에 들게 하지 마소서"라고 간구할 때 그 간구가 담고 있는 중요한 의미는, 우리가 예수님의 제자로서 그리고 제자 공동체로서 예수님이 맡겨 주신 복음 사역, 구원 사역을 수행하는 데 거침이 되고 방해가 되는 핍박들, 환난들, 유혹들, 거리낌들, 이것을 이기게 해주시라는 것입니다. 그것들에 사로잡혀서 마땅히 해야 할 일을 하지 못하는 일이 일어나지 않도록 간구하라는 것입니다. 단순하게 개인적으로 죄 된 본능의 유혹을 받아서 자꾸 못된 짓을 하는 이런 일을 하지 않게 해주소서 하는 데서 나아가, 우리가 구원받은 신자로서 그리고 신앙공동체인 교회로서 예수님께서 맡겨 주신 일을 하지 못하도록 하는 방해거리나 핍박이나 유혹이나 이런 것들에 빠지지 않게 해주시기를 기도하라는 것입니다.

3) 시련에서 인내하지 못하는 시험에 빠지지 말게 하소서

이미 앞에서 설명한 바와 같이 하나님이 우리를 연단하여 온전하게 하고 결국 복이 되게 하시려는 계획으로 주신 시험(시련)들을 내가 제대로 받아내지 못하여 마귀가 그것을 기회 삼아 나를 마귀의 유혹으로 끌어들이는 그런 시험에 빠지지 않게 해주시기를 간구하는 것입니다.

시험의 면제가 아니라 시험의 극복

위와 같은 관점에서 우리를 시험에 들게 하지 마시라는 간구를 이해하게 되면 결국 내려지는 결론이 있습니다. 이 간구는 우리에게 시험(시련)을 면제해 주시라는 간구, 즉 시험을 만나지 말게 해주시라는 기도가 아니라는 사실입니다. 우리가 사는 동안 시험과 핍박과 유혹 같은 것을 만나지 않고 살 수는 없습니다. 시험거리가 전혀 없는 인생을 살게 해주십시오 하는 기도는 응답받을 수 없는 기도입니다. 그것은 우리가 죽어서 더 이상 이 세상의 사람이 아닐 때에만 가능합니다. 혼자 산속에 들어가 있어도 시험은 만나게 됩니다. 거기서도 온갖 생각이 떠오르기 때문입니다. 그것을 면하게 해달라는 기도는 응답받지 못하는 기도입니다. 우리가 사는 동안 마귀의 유혹과 미혹을 만나지 않고 살 수는 없습니다. 나도 모르는 사이에 만나게 됩니다. 또 세상이 악하기 때문에 우리는 복음 사역을 거스르는 세력들을 수시로 만납니다. 때로는 우리 자신이 그 세력이 되기도 합니다. 그러므로 그것을 만나지 않게 해달라는 기도는 쓸데없는 것 아닙니까? 주님이 가르쳐 주신 "우리를 시험에 들게 하지 마소서"라는 간구는 시험을 만나지 않게 해달라는 기도가 아닙니다. 우리가 그러한 시험에 직면하게 될 때 그것에 빠지지 않도록 해달라는 기도입니다. 그것들을 만나지 않게 해달라는 소극적인 기도가 아니라, 그것들과 부딪치고 싸우고 이겨서 신자의 길을 계속 가도록 해주시기를 비는 간구입니다.

사도행전 4장에는 초대 교회 교인들이 시련 앞에서 했던 기도가 있습니다. 사도 베드로와 요한이 복음을 증거하다가 산헤드린에 붙잡혀 갔습니다. 또 다시 예수를 말했다가는 가만히 두지 않겠다는 위협과 협박을 받고 풀려납니다. 풀려난 이들은 교회로 돌아와서 자기들이 들은 말을 다 전하면서 큰 위기가 닥쳐오고 있는 것을 보고합니다. 그러자 온 교회가 한마음으로 하나님께 소리를 높여 기도합니다. 그 기도의 핵심 내용이 그것입니다. "주여, 이제도 그들의 위협함을 굽어보시옵고 또 종들로 하여금 담대히 하나님의 말씀을 전하게 하여 주옵소서!" 닥쳐오고 있는 위협과 위험이 물러가게 해달라는 것이 아니었습니다. 위협하는 그들을 다 죽여 없애 주시라는 것도 아니었습니다. 이 시험의 때에 우리가 지혜롭게 처신하여 위험을 면하게 해달라는 것도 아니었습니다. 그들이 위협하고 우리 신변에 위험이 닥친다고 하여 하나님의 말씀 전하는 일을 그만두는 일이 없게 해달라는 것이 기도의 핵심이었습니다. "주여, 이제도 그들의 위협함을 굽어보시옵고 또 종들로 하여금 담대히 하나님의 말씀을 전하게 하여 주옵소서!" 시험을 없게 해달라는 것이 아니라, 시험에 넘어가지 않게 해달라는 것입니다. 새가 머리 위로 날아가는 것은 어쩔 수 없습니다. 머리 위로 새가 날아가지 않게 해주십시오 하는 기도는 쓸데없는 것입니다. 내 머리 위로 날아가는 것을 어찌 하겠습니까? 그러나 새가 우리의 머리 위에 앉지 못하게 하는 것은 우리의 책임입니다.

: 163 우리를 시험에 들게 하지 마소서

그러므로 우리를 시험에 들게 하지 마소서 하는 기도는 우리가 하나님의 이름이 거룩히 여김을 받게 하고, 하나님의 나라가 임하게 하고, 하나님의 뜻이 이루어지게 하는 신자의 삶을 살지 못하게 하고, 우리에게 부여된 제자로서 살아야 할 하루하루의 삶을 살지 못하도록 방해하고 핍박하고 꼬드기고 미혹하는 시험들에게 우리가 넘어지지 않게 하시고, 그러한 시험들에 빠지지 않게 하실 것을 간구하는 것입니다. 그 시험을 이기고 승리하고 나아가게 해주시기를 간구하는 것입니다.

하나님에 대한 절대적인 의존

우리가 위와 같은 내용으로 하나님께 간구하는 것은 하나님이 그렇게 하실 수 있다고 확신하기 때문입니다. 그리고 어떤 시험일지라도 하나님이 도와주셔야만 시험을 이겨낼 수 있다고 하나님을 전적으로 신뢰하기 때문입니다. 실제로 하나님이 그렇게 하실 수 있습니다. 크리소스톰이라는 사람은 이것을 두고 "인간의 연약성과 위험성을 하나님께 호소하는 자연스러운 기도"라고 말했습니다. 인간이 때로는 큰소리 치고 자신만만하지만 사실은 얼마나 연약하며, 얼마나 쉽게 무너져 내리는가는 우리의 삶 속에서 수없이 경험하는 사실입니다. 그러므로 하나님께 내가 닥쳐온 시험에 넘어지지 않고 이기고 나가게 해달라고 호소하고 간구합니다. 동시에 나는 언제나 이런 위험한 삶을 살고 있는 사람이요, 언제라도 넘어질 수 있는 존재임을 하나님께 고백하는 것입니다. 그리고 하나님께서 나를 붙잡아 주시고 이런 시험들로부터 보호하시고 이런 시험이 닥쳐온다 할지라도 여기에 빠지지 않고 이기고 나아가게 해주시기를 간구하는 것입니다. 우리가 이렇게 간구할 수 있는 근거는 야고보서에서 말씀한 대로 하나님은 그의 백성을 시험(유혹)하여 망하는 길로 끌어들이는 분이 아니요, 우리를 온전하게 하고 준비되게 하여 부족함이 없게 하시는 분이며, 우리를 시험에서 건져내시는 분이라는 사실에 있습니다. 그 사실에 대한 확신과 고백과 그러한 하나님에 대한 절대적인 의존을 근거로 우리는 "하나님 우리를 시험에 빠지지 않게 해주십시오" 하고 간구할 수 있습니다.

시험에 빠지지 않기를 소원하는 궁극적 목적

앞에서 드린 "우리의 죄를 사하여 주소서" 하는 기도가 우리가 걸머진 죄의 빚을 해결해 달라는 기도였다면, "우리를 시험에 들게 하지 마소서" 하는 기도는 걸머질 위험성이 있는 빚에 대하여 그것을 짊어지지 않게 해달라는 간구입니다. 이렇게 기도하는 근본적인 목적은 결국은 시험에서 이기고 나아가야 하나님의 이름을 거룩하게 하고, 하나님의 나라가 임하게 하고, 하나님의 뜻을 성취하게 하는 삶을 살 수 있기 때문입니다. 그것이 바로 하나님의 나라와 그의 의를 구하는 삶이기 때문입니다. 시험의 문제를 가지고 아무도 자신 있어 할 수 없습니다. 그러나 한편으로 우리를 시험에 끌어들이지 않으시고 시험에서 건져 주시고 보호해 주시는 하나님 때문에 자신 있어 할 수 있습니다. 그러므로 개인적인 성품이나 성향, 개인적인 연약성 때문에 만나는 마귀의 유혹과 시험이든지, 아니면 예수님의 제자로서 복음 사역을 수행하고 구원 사역을 확장시켜 나가는 데 있어서 공동체적으로 만나는 방해든지 미혹이든지,

이러한 시험을 당할 때에 하나님이 우리를 그 시험에서 건지시고 이런 것들을 이기고 나아가게 하신다는 확신으로 하나님을 의존하여 이 간구를 드려야 합니다. 우리는 연약한 자요, 이 땅에서 사는 동안 언제라도 시험에 빠질 가능성이 있는 매우 위험한 삶을 사는 자들이므로 우리는 이 기도를 평생 동안 드리며 살아야 합니다. 연약한 인생인 우리가 하나님께 이러한 기도를 드릴 수 있다는 것은 놀라운 복이고 특권입니다.

묵상을 위한 질문

1 시련과 시험은 어떻게 다릅니까? 시련에 대하여 우리가 취할 태도는 무엇이고, 시험에 대하여 우리가 취할 태도는 무엇입니까?

2 "우리를 시험에 들게 하지 마소서"라고 간구할 때마다, 우리는 그 간구를 통하여 사실은 어떠한 일을 하고 있는 것입니까?

3 그 간구가 포함하고 있는 우리가 기억하고 확인해야 하는 세 가지 구체적인 의미는 무엇입니까?

신자의
간구

-
-
-

¹⁸ 하나님께로부터 난 자는 다 범죄하지 아니하는 줄을 우리가 아노라 하나님께로부터 나신 자가 그를 지키시매 악한 자가 그를 만지지도 못하느니라
¹⁹ 또 아는 것은 우리는 하나님께 속하고 온 세상은 악한 자 안에 속한 것이며
²⁰ 또 아는 것은 하나님의 아들이 이르러 우리에게 지각을 주사 우리로 참된 자를 알게 하신 것과 또한 우리가 참된 자 곧 그의 아들 예수 그리스도 안에 있는 것이니 그는 참 하나님이시요 영생이시라

요한일서 5:18-20

오늘은 "다만 악에서 구하옵소서" 하는 간구입니다. 사람에 따라서는 이 간구를 바로 앞의 "시험에 들게 하지 마시옵고"와 같은 맥락의 같은 간구로 이해하기도 합니다. 누가복음 11장의 주기도문에는 "악에서 구하옵소서"라는 간구가 없습니다. 그냥 "시험에 들게 하지 마옵소서" 하고 마칩니다. 시험에 들게 하지 마옵소서 라는 말에 악에서 구하옵소서 하는 의미가 포함되어 있다고 말할 수도 있습니다. 그러나 우리는 악에서 구해 주시라는 간구를 별도로 생각하겠습니다.

피할 수 없는 악과 악행에의 유혹

우리는 예수를 믿고, 하나님의 백성이 되고, 예수님의 제자가 되어 살고 있음에도 불구하고 끝없는 유혹과 악이 몰아쳐 오는 현실 속에서 살고 있습니다. 그래서 주님이 우리 자신을 향한 마지막 부분에 그러한 모든 유혹과 악한 것들로부터 보호해 달라는 기도를 하라고 가르쳐 주셨습니다. 우리는 지속적으로 유혹을 받습니다. 시험을 당합니다. 그리고 악과 악행에 직면합니다. 그리고 그러한 악과 구체적인 악행에 참여하도록 우리의 안과 밖으로부터 유혹을 받으며 살아갑니다. 그 유혹과 악의 궁극적인 목적은 우리의 파멸입니다. 그러나 그 유혹을 받는 것 자체가 죄는 아닙니다. 그런 유혹이 아예 없는 세상을 살려면 빨리 이 세상을 떠나는 것밖에는 다른 길이 없습니다. 그러므로 유혹에 직면하고 악과 마주치는 것은 이 땅에 사는 동안은 자연스러운 일이기도 하고 필연적인 상황이기도 합니다. 우리가 사는 세상이 죄 된 본성과 타락한 죄성이 판을 치는 현장이기 때문입니다. 그러나 유혹을 받는 것은 어쩔 수 없지만 유혹에 빠져들지 않도록 하는 것은 우리의 책임입니다. 그래서 성경에서는 이러한 유혹에 대해서 우리가 취할 태도를 여러 가지로 제시합니다. 사도 바울은 "피하라"고 하고(고전 6:18), 사도 베드로는 "근신하라"고 하기도 합니다(벧전 5:8). 그런가 하면 야고보는 더 적극적으로 그것을 "배척하라, 대적하라"고 합니다(약 4:7). 우리가 직면하는 유혹과 악들을 문화의 변화나 세대의 차이로 치부하고 별 것 아닌 것으로 대하는 것은 매우 위험한 태도입니다.

악과 악행

"우리를 악에서 구하옵소서"라고 간구할 때 이 악은 우리 안의 악한 욕구와 그것이 만들어내는 악한 행위를 가리키는 것입니다. 예를 들면 음욕이라든지, 탐심이라든지, 분노라든지, 증오라든지, 교만이라든지.... 이런 것들이 악입니다. 그리고 악을 구체적인 행동으로 현실화 하는것이 악행입니다. 악한 행위를 하도록 이끄는 요구에 순응하여 따라가는 것입니다. 우리안의 악은 아주 다양한 양상으로 그 모습을 드러냅니다. 그러므로 여기서 말하는 악은 추상적이거나 철학적인 개념으로서 악이 아닙니다. 이것은 언제나 어떤 상태이거나 모습이거나 행위로서 드러나는 구체적이고 실존하는 어떤 것이라는 사실을 기억해야 합니다.

악한 자

그런가 하면, 악은 악한 자를 포함하기도 합니다. 악한 자가 누구입니까? 궁극적으로는 사탄 마귀입니다. 사탄은 신자의 가장 큰 대적자입니다. 베드로의 말대로 하면 마귀는 우는 사자처럼 삼킬 자를 찾고 있는 자입니다. 에베소서에서 하신 사도 바울의 말씀대로 하면 그는 주님이 재림하시기 전까지 공중의 권세를 잡은 자입니다. 그러므로 악에서 구해 주시라는 간구는 사탄으로부터 우리를 구해달라는 의미일 뿐만 아니라, 하나님의 백성들을 삼켜서 망하게 하려고 사탄 마귀가 동원하고 제시하고 이끄는 모든 수단이나, 사건이나, 모습들을 다 포함하여 우리를 그것들로부터 보호해 주시라는 의미이기도 합니다.

악의 결과

우리를 악에서 구해 주시기를 간구해야 하는 중요한 이유는 다양합니다. 우선 그 악 자체가 우리 자신과 다른 사람들의 고통이 됩니다. 그 악행이 개인적으로 공동체적으로 그리고 사회적으로 끼치는 해악이 심각합니다. 그러나 우리 신자들이 그러한 악에 빠지게 될 때 그것이 가져오는 치명적인 결과는 더욱 심각합니다. 신자들이 악에 빠지게 되면 결국 하나님의 길에서 멀어지게 됩니다. 그래서 하나님의 이름을 거룩하게 하고, 하나님의 나라가 임하게 하고, 하나님의 뜻이 이루어지게 하는 데에 실패하기도 하고 혹은 방해거리가 되기도 합니다. 그리하여 하나님의 거룩하심을 손상하고, 하나님의 나라 곧 하나님의 통치를 거부하고, 하나님의 뜻을 불순종하는 결과를 초래하게 됩니다. 일용할 양식이 없어서 목숨을 유지할 수가 없으면 하나님께 대하여 간구한 것들을 행할 수가 없으니 심각한 문제가 되듯이, 악의 문제를 해결하지 못한 채 거기 빠져 있으면 결국 하나님께 대하여 앞에서 간구한 것들을 행할 수가 없게 됩니다. 오히려 하나님의 이름을 거룩하게 하고, 하나님의 나라가 임하게 하고, 하나님의 뜻이 이루어지게 하는 일에 방해가 되거나 적극적으로 대적하는 일을 할 수밖에 없습니다.

악에서 구하시는 하나님의 응답

우리를 악에서 구해주시라는 이 간구는 악에 빠지지 않게 보호해주시라는 간구와 이미 악에 빠져버린 경우에 그 악에서 건져내주시라는 간구를 다 포함하고 있습니다. 하나님은 악에서 구해 주시라는 우리의 간구를 다 들으십니다. 1) 우리가 신자답게 악을 분별하고 판단하도록 우리를 이끌어 주시고 악을 품거나 행하지 않도록 우리를 다스려 주심으로 응답하십니다. 2) 그런가 하면 우리를 악을 행하도록 끌어들이는 미혹들을 물리쳐 주시고, 또는 우리가 그러한 미혹에 넘어가지 않도록 우리를 강하게 하심으로 응답하시기도 합니다. 3) 혹은 악한 이들로 말미암아 우리가 당하는 고통스럽고 억울한 상황을 처리하시고 해결하심으로 악에서 구해 주시라는 우리의 간구를 응답하시기도 합니다. 4) 그런가 하면 우리가 실수하고 미혹에 넘어가서 이미 악행을 하고 악한 상태에 빠져 있을 경우에도 우리의 악을 용서하시고 구해 주심으로 응답하시기도 합니다. "네가 미혹을 받아서 악을 행하였으니 너는 대가를 치르고 심판을 받고 나와는 관계를 끊자" 하고 처리하시지 않는 것입니다. 요나가 그 대표적인 예일 것입니다. 간음한 다윗의 회복도 그 한 예일 것입니다. 하나님은 우리가 미혹에 넘어가서 악에 빠져 버렸을 때에도 악에서 구해주시라는 우리의 간구를 응답하셔서 우리를 건져 주십니다. 그리하여 다음에는 악에 빠지지 않는 신자로 성숙시키시는 기회로 사용하십니다. 그러므로 지혜로운 사람은 자기가 실수해서 악을 행하고 악한 지경에 이르렀다가 하나님께 간구하여 벗어난 경험을 한 후에는 다시는 그런 악을 행하지 않으려고 조심하며 노력을 하게 됩니다.

악에 빠진 경우에도 간구할 수 있는 근거와 응답하시는 이유

왜 우리는 자기가 잘못해서 악에 빠진 경우에도 건져달라고 기도할 수 있을까요? 하나님이 우리의 아버지여서 그렇습니다. 하나님이 우리의 아버지라는 말은 구체적으로 무슨 내용을 담고 있을까요? 하나님과 우리의 관계가 다른 어느 것에 의해서도 바뀌거나 취소되지 않는다는 말입니다. 그러므로 하나님이 우리 아버지라는 말은 하나님이 우리를 아신다는 말이기도 하고, 하나님이 우리를 이해하신다는 말이기도 하고, 하나님은 우리를 받아들이신다는 말이기도 하고, 하나님은 어느 경우에도 우리를 방치하는 분이 아니라는 말이기도 합니다. 어떤 부모가 자신의 자식을 방치합니까? 하나님이 어느 정도로 말씀하셨는가 하

면 "세상에 너 낳은 어미가 너를 잊어버리거나 너를 모른다 하는 경우가 있느냐? 그러나 혹시 세상에는 있을지도 모른다. 그러나 나는 아니다." "나는 너를 내 손바닥에 새겼다." 우리의 잘못으로 일이 벌어졌건, 우리가 악한 자에게 억울하게 당하여 일이 벌어졌건, 우리가 실수를 해서 자업자득으로 일이 벌어졌건.... 그 이유와 원인이 무엇이든지 상관없이 우리의 문제를 해결하시고 우리를 구해 내시는 것입니다. 어떤 경우에도 방치하지 않으십니다. 아버지이니까요.

이것이 하나님에 대한 신뢰와 의존입니다. 다윗의 기도가 다 이것입니다. 하나님이 나를 버리시지 않는다. 하나님은 나에 대하여 귀를 막는 분이 아니다. 하나님은 내가 한 번 실수했다고 해서 그것으로 끝장내는 분이 아니다. 하나님은 내 처지를 모르는 분이 아니다. 넘어졌으나 다시 손을 내밀어서 일으켜 주시는 분이시다. 이것이 하나님이 나의 아버지, 나의 하나님인 것에 대한 신뢰와 의존입니다. 그리고 하나님 안에서 하나님에 대하여 갖는 소망입니다. 실수 없는 자가 없습니다. 그러나 하나님은 다시 일으켜 세우시는 것입니다. 그리고 하나님은 그 실수를 오히려 우리가 성숙할 기회로 삼으시는 것입니다. 우리가 하나님과 맺고 있는 관계 곧 우리의 아버지라는 사실에 근거하여 "우리를 악에서 구해주소서"라고 기도하는 것입니다.

뻔뻔스런 기도의 정당성

신앙생활에 소홀히 하거나 혹은 잘못을 범하여 어려움 가운데 빠진 신자들 가운데 이렇게 말하는 사람들을 자주 봅니다. "내가 신앙생활 제대로 하지 않고 잘못 살아서 당한 일이니까 제가 감당해야지요. 이번 일을 잘 수습하고 정리한 다음에 다시 신앙생활을 시작하겠습니다." 언뜻 보면 매우 책임감 있고 겸손한 신앙 태도인 것처럼 보입니다. 그러나 이것은 책임감도, 겸손도 아닙니다. 오히려 큰 교만이고, 착각입니다. 자기가 누군가를 아직 확실히 모르는 태도입니다. 아무도 자기가 저지른 죄나 악의 문제를 스스로 해결하고 책임질 수 없습니다. 인간이 무슨 능력과 재주로 그것을 책임지겠습니까? 인간은 일을 저지를 뿐 그것을 해결할 수 있는 존재가 아닙니다. 내가 잘못해서 초래된 결과이니까 내가 책임지고 해결하고 떳떳하게 하나님께 가겠다? 아닙니다. 우리는 허구한 날 일만 저지르고 일이 터지면 하나님께 나 좀 살려 주십시오 하고 매달릴 수밖에 없는 그런 존재들입니다. 그리고 그것이 당연합니다. 우리는 연약하고 무능한 인생들이기 때문입니다.

어느 때는 나 자신이 생각해도 하나님께 또 구해 달라는 기도를 하는 것이 너무 뻔뻔하다는 생각이 들기도 합니다. 하나님께서 "야, 너 나를 가지고 노냐?" 그러실 것 같습니다. 그래서 어차피 또 그런 악을 행하고 실수를 할 것이고, 그러면 결국 기도 하나마나 도로 그 모양이 되고, 나는 계속 하나님께 거짓말을 하는 죄까지 덧붙여 짓게 될 테니 아예 기도도 하지 말자 하는 생각이 들기도 합니다. 그러나 그것이 아닙니다. 우리는 여전히 구해 주시라는 기도와 다시는 그러한 악에 빠지지 않겠다는 다짐을 하나님께 아뢸 수 있습니다. 왜 우리는 여전히 그렇게 기도할 수 있는가, 왜 이렇게 뻔뻔스럽게 할 수 있는가? 하나님이 아버지이기 때문입니다.

용기를 가질 수 있는 근거

그러므로 악의 유혹을 물리치는 일에 자꾸 실수하고 반복적으로 악에 빠지는 것 때문에 아예 하나님을 떠나려고 하지 말아야 합니다. 몇 번을 반복해서 넘어질지라도 그때마다 악에서 건져주시라고 계속 구해야 합니다. 그것은 무책임한 것도 아니고, 뻔뻔한 것도 아닙니다. 그것은 하나님 앞에서 나의 연약함과 무능함을 처절하게 인정하는 겸손이고, 하나님이 그럼에도 불구하고 나의 아버지이심을 믿는 하나님 신뢰입니다. 하박국 선지자는 "진노 중에라도 긍휼을 잊지 마소서" 하고 기도했습니다(합 3:2). 이것은 그가 뻔뻔스럽고 무책임한 선지자라는 증거가 아닙니다. 그는 진정으로 하나님을 하나님으로, 자기를 인간으로 여기고 하나님 앞에 선 겸손한 사람인 증거입니다. 우리가 어느 세월에, 어떤 업적을 가지고 보란 듯이 당당하게 하나님 앞에 설 수 있단 말입니까? 인간은 그런 존재가 아닙니다. 우리는 언제나 실수하고 일만 저지르는 존재들입니다. 그럼에도 불구하고 하나님 앞에 다시 간구하는 것입니다. "우리를 악에서 구하여 주옵소서!" 때로는 양심에 거리낌이 있고, 얼굴에 철판을 깐 것 같이 부끄럽지만, 그래도 아버지니까, 아버지께만 사유하심의 은총이 있는 줄 알기 때문에 여전히 그렇게 나아와서 "하늘에 계시는 우리 아버지여 우리를 악에서 구하소서" 하고 간구하는 것입니다.

자꾸 실수하는 것 때문에 더 하나님 앞으로 나아가야지요. "하나님 저는 이런 인간입니다. 이런 존재이니까 하나님 앞에 올 수밖에 없습니다." 그러면서 더 나가고 더 간구해야지요. "아, 이제 너무 뻔뻔스러워서 하나님을 부르지도 못하겠다. 내가 범죄하여 이 일이 생겼으니 이 일을 잘 수습하여 마무리 지은 다음 떳떳하게 다시 시작하겠다" 하지 않아야 합니다. 그렇게 되지 않습니다. "이 버릇 끊고 가겠다. 술 끊고 나가겠다. 담배 끊고 가야겠다. 노름 끊고 가야겠다. 내가 이 버릇 고친 다음에 간다." 이것은 착각입니다. 그 문제를 스스로 해결했기 때문에 드디어 하나님 앞에 나갈 수 있는 것이 아니고, 하나님 앞에 나아왔기 때문에 드디어 그 문제를 해결할 수 있게 되는 것입니다. 그 문제를 해결할 수 없는 존재이기 때문에 하나님 앞에 나아가는 것입니다. 그래서 하나님이 우리를 불쌍히 여기셔서 구해 주시는 것입니다. 하나님은 하늘에 계시는 우리의 아버지니까요.

이 간구의 행위가 담고 있는 세 가지 의미

우리가 "우리를 악에서 구하소서"라고 간구할 때 우리는 실제적으로 매우 중요한 3가지 행위를 하고 있다는 사실을 알아야 합니다. 첫째는 고백입니다. 우리가 처해 있는 현실을 그대로 솔직히 고백하는 것입니다. 하나님 내가 이런 유혹 속에서 살고 있고, 죄 가운데서 살고 있고, 나를 파멸시키려는 악의 세력이 판을 치고 있는 이런 속에서 살고 있습니다, 하는 고백입니다. 나는 악에 빠진 자임을 인정하는 고백을 하고 있는 것입니다. "화로다, 나여 망하게 되었도다. 나는 입술이 부정한 사람이요 입술이 부정한 백성 가운데서 거주하고 있으면서 거룩하신 하나님을 뵈었도다!"라고 탄식 어린 고백을 하던 이사야와 같은 마음으로 자신의 처지를 고백하는 것입니다. 그 고백 안에는 개인에 따라 다양한 내용이 담길 수 있습니다. 예를 들어서 "나는 결단력이 없어서 약속을 해놓고 이렇게 계속 지키지 못해서 말씀과 멀어지고 있습니다." 이렇게 고백하는 것입니다. "하나님 나는 혈기를 누르지 못해서 한번 성질이 꼬이면 물불 안 가리고 퍼부어야 속이 시원하고 그리고 돌아서면 또 후회하고 탄식하는 이런 상황 가운데 살고 있습니다." 이런 것을 고백하는 것입니다. 내 내부에 있는 유혹의 실마리나 악의 근거나 내 주위에 있는 악이나 유혹이나 이런 것들을 다 하나님께 내 놓는 것입니다. 둘째는 약속과 자기 결단의 표현입니다. "우리를 악에서 구하소서"라고 간구할 때 우리는 내가 악을 이기고 극복하며 악에서 벗어나겠다는 약속과 자기 결단을 선언하고 있는 것입니다. 하나님, 다음에는 내가 시험을 이겨 버리겠습니다. 내가 절대로 악을 범하지 않겠습니다, 하는 하나님을 향한 약속과 자기 자신을 향한 결단을 표명하고 있는 것입니다. 그 다음 세 번째는 하나님 의존의 표현입니다. 하나님이 악에서 구해 주실 것을 믿고 신뢰하는 하나님 의존의 표현입니다. "하나님은 악을 물리치실 수 있으십니다." "하나님은 악에 빠지지 않도록 막아 주실 수 있으십니다." "하나님은 악의 올무에서 건져 내실 수 있으십니다." "하나님은 내가 약해서 자꾸자꾸 미혹에 넘어지는 이 문제를 해결하실 수 있습니다" 하는 하나님 신뢰와 그 하나님께 맡기는 하나님 의존입니다. 내가 헤어나지 못하고 있는 악의 문제, 나를 범죄하도록 부추기고, 혈기를 부리게 자극해 대는 그 실체, 또 그것을 어떻게 극복할 수 없어서 말려들어 결국 악을 행하고 마는 연약하고 무능한 나의 문제, 이런 것들을 하나님은 해결할 수 있다는 믿음과 하나님 의존의 표현입니다. 그러므로 "악에서 구하옵소서."라고 기도함으로써 우리는 실질적으로 나의 무능함에서 하나님 의존으로 나아가 하나님의 능력에 나를 맡기고 의지하는 것입니다.

공동체적 기도

그런데 우리가 명심해야 할 것은 주님이 가르쳐 주신 기도는 단순히 나 자신이라는 개인 차원에서 하고 있지 않다는 사실입니다. 우리 아버지여, 하고 시작했던 기도가 사람을 위한 간구에서는 시종일관 우리의 간구로 드려지고 있고 우리를 악에서 구하소서라고 끝을 맺고 있습니다. 계속 "우리"입니다. 결국 하나님의 거룩하심이 드러나고, 하나님의 나라가 임하고, 하나님의 뜻이 이루어지고, 일용할 양식의 문제가 해결되고, 죄 용서의 문제가 해결되고, 시험으로부터 건져지고 악으로부터 보호를 받는 이러한 문제들이 단순히 나 개인 차원에서만 해결되어야 하는 문제가 아니라 공동체가 함께 대처해야 하는 문제라는 것입니다. 우리의 지체들에 대해서 이러한 공동의 책임을 느껴야 한다는 말입니다. 우리는 앞에서 일용할 양식을 위한 간구는 공동체 가운데 일용할 양식이 없는 사람이 있어서는 안 된다는 책임을 포함한다는 점을 살펴보았습니다. 그와 마찬가지로, 악에서 구해 주시기를 구하는 간구에서도 우리 지체 가운데 지금 악에 빠져서 괴로움을 당하고 파멸의 길을 가고 있는 문제에 대해서 공동체적 책임을 의식할 것을 포함하고 있습니다. 그러므로 주님이 가르쳐주신 기도는 단순히 나의 기도가 아닙니다. 우리의 기도입니다. 제자들의 기도입니다. 신앙 공동체의 기도입니다. 주기도문을 드릴 때마다 우리는 공동체로서 이 기도를 드리고 있다는 사실을 기억해야 합니다. 우리를 악에서 구하옵소서 하고 간구 할 때마다 우리 가운데 악에 빠져 있는 사람이 없는가, 악에게 고통을 당하는 사람이 없는가를 살펴보아야합니다. 히브리서 기자가 말한 대로 하면, 피곤한 손과 연약한 무릎을 일으켜 세우며, 하나님의 은혜에 이르지 못하는 자가 없도록 하고, 쓴 뿌리가 나서 괴롭게 하여 많은 사람이 이로 말미암아 더럽게 되지 않게 할(히 12:13-16) 공동체적 책임을 감당하겠다는 약속이기도 하고 결단이기도 한 것입니다.

기도의 근거와 응답의 보증이신 예수님

"하늘에 계신 우리 아버지여!"로 시작한 기도가 "우리를 악에서 구하소서!"로 끝났습니다. 결국 우리 주님께서 기도를 가르쳐 주시면서 하나님을 최우선에 세워야 할 것과 우리가 공동체로서 함께 하나님 나라의 제자의 삶을 살아간다는 것을 직접적으로 또 암시적으로 말씀했다는 것을 기억해야 합니다. 그리고 또한 주님께서 가르쳐 주신 이 기도를 드릴 때마다 기억할 것은, 우리는 이 기도를 주님으로부터 직접 받았다는 사실입니다. 그것은 주님께서 이 기도의 근거이시고, 이 기도에 대한 응답의 보증이시라는 선언입니다. 우리가 하나님을 감히 우리 아버지라고 부르며 그 앞에 나아갈 수 있는 것은 기적입니다. 아무도 그렇게 할 수 없습니다. 우리에게 이 기적이 가능하게 한 배경에는 예수님의 죽으심이 있습니다. 히브리서 기자도 우리가 은혜의 보좌 앞에 담대히 나아갈 수 있게 된 것은 죄는 없으신 분이면서도 죄인처럼 우리가 치루어야 할 죄값을 대신 치루신 우리 가운데 있는 대제사장 곧 하나님의 아들 예수 때문이라고 분명히 선언합니다(히 4:14-16). 이렇게 주님은 우리의 이 기도가 가능하게 한 장본인입니다. 뿐만 아니라, 우리가 드리는 이 기도의 응답에 대한 보증으로 이 기도 뒤에 서 계신다는 사실을 기억해야 합니다. 실제로 주님께서는 마지막 고별 설교에서 "너희가 내 이름으로 무엇이든지 구하면 다 이루리라"고 반복적으로 약속을 하시며 주님이 우리 기도 응답의 보증이심을 선언하십니다. 사도 바울은 주님은 지금도 하나님의 우편에서 우리를 위하여 간구하고 계신다고 확언합니다(롬 8:35). 그러므로 우리가 주님이 가르쳐 주신 기도를 가지고 하나님 앞에 나아가 아뢸 때마다 우리는 이 기도의 배경이 되시고, 근거가 되시고, 보증이 되시는 예수님을 생각하며 간구해야 합니다.

묵상을 위한 질문

1 "우리를 악에서 구하소서"라고 간구할 때 그 악에 포함될 악의 구체적인 내용들은 무엇입니까?

2 우리가 "우리를 악에서 구하소서"라고 간구할 때 실질적으로는 우리가 처하는 악에 대한 고백과 결단 그리고 하나님 의지라는 3가지 중요한 행위를 하는 것입니다. 무엇을 고백하고 무엇을 결단하며, 무엇에 대하여 하나님을 의지하는 것입니까?

3 반복적으로 실수를 하고 악에 빠지면서도 악에서 구해 주시라는 간구를 여전히 계속하여 드릴 수 있는 근거는 무엇입니까?

신자의 간구

11

영원한
찬송

-
-
-

1 여호와여 영광을 우리에게 돌리지 마옵소서 우리에게 돌리지 마옵소서 오직 주는 인자하시고 진실하시므로 주의 이름에만 영광을 돌리소서

시편 115:1

10 다윗이 온 회중 앞에서 여호와를 송축하여 이르되 우리 조상 이스라엘의 하나님 여호와여 주는 영원부터 영원까지 송축을 받으시옵소서
11 여호와여 위대하심과 권능과 영광과 승리와 위엄이 다 주께 속하였사오니 천지에 있는 것이 다 주의 것이로소이다 여호와여 주권도 주께 속하였사오니 주는 높으사 만물의 머리이심이니이다
12 부와 귀가 주께로 말미암고 또 주는 만물의 상재가 되사 손에 권세와 능력이 있사오니 모든 사람을 크게 하심과 강하게 하심이 주의 손에 있나이다
13 우리 하나님이여 이제 우리가 주께 감사하오며 주의 영화로운 이름을 찬양하나이다

역대상 29:10-13

11 우리 주 하나님이여 영광과 존귀와 권능을 받으시는 것이 합당하오니 주께서 만물을 지으신지라 만물이 주의 뜻대로 있었고 또 지으심을 받았나이다 하더라

요한계시록 4:11

"나라와 권세와 영광이 아버지께 영원히 있사옵나이다"

괄호 안의 장엄송

주기도문의 마지막은 "나라와 권세와 영광이 아버지께 영원히 있사옵나이다 아멘"입니다. 장엄한 고백과 선언 그리고 화답으로 끝을 맺고 있습니다. 그런데 특이한 점은 이 단락이 괄호 안에 기록되어 있다는 점입니다. 여기처럼 성경 말씀이 괄호 안에 기록되어 있는 경우들이 가끔씩 있습니다. 괄호 안에 들어가 있는 것은 중요하지 않은 것이니 생략해도 괜찮다는 의미가 아닙니다. 이러한 표기는 다른 사본들 특히 중요하게 여겨지는 사본들에는 이 말씀이 기록되어 있지 않은 경우 그것을 명시하기 위하여 괄호 안에 기록을 한 것입니다. 그러므로 본문이 괄호 안에 들어가 있다는 것은 이 말씀이 없는 사본도 있다는 표시입니다.

성경의 최초의 원본은 존재하지 않습니다. 지금 있는 것은 그 원본을 베낀 사본입니다. 그래서 여러 개의 사본이 있습니다. 그런데 베껴 쓰다 보니까 사본마다 약간의 차이가 있습니다. 그러나 어느 사본이 가장 정확한가를 입증할 수가 없습니다. 원본이 없기 때문입니다. 왜 원본이 없는지 이유는 알 수 없습니다. 하나님께서 원본을 하나도 남겨 두시지 않았습니다. 하나님께서 원본을 보존해 두셨다면 이러저러한 논쟁도 끝낼 수 있고 본문도 명확히 할 수 있을 텐데 왜 원본을 남겨 주시지 않으셨나 하고 생각할 때가 있습니다. 아마도 그것을 남겨 두시지 않은 여러 가지 이유가 있었을 것입니다. 저는 하나님이 의도적으로 그렇게 섭리하신 것이 아닌가 생각합니다. 만약 성경의 원본이 남아 있다고 한다면 우리 인간의 악한 본성상 무슨 일이 일어났을지 모를 것입니다. 그것이 있는 교회나 지역에 사람들이 모여들어서 그것에 절하고 섬기고 야단법석이 날 것입니다. 하나님의 말씀 자체보다는 그것을 적은 그 책을 우상화하여 섬기고 절하고 하느라 난리가 날 것입니다. 종교개혁 이전에 중세 로마 가톨릭 교회가 어떻게 우상숭배에 몰입하였는가만 보아도 능히 짐작할 수 있습니다. 성인들의 머리카락, 성인의 뼈의 어느 부분, 그 외에도 별별 것에 다 명분을 붙여서 신성시하며 섬겼습니다. 그런데 성경의 원본이 남아 있다면 어떠하였겠습니까? 그래서 하나님께서 우리 인생의 연약함과 부패함을 아시고 원본을 없애 버리신 것이 아닌가 생각합니다. 하나님은 "내가 그것을 남겨 놓았으면 너희들이 나를 섬겼겠느냐? 아마도 그것 좇아다니느라 정신이 없었을 것이다" 하고 말씀하실는지도 모릅니다. 그러나 원본이 없다 할지라도 각 사본들이 가지고 있는 차이가 우리가 하나님을 아는데, 하나님이 자신을 계시하는데, 하나님의 역사 진행의 원리를 알려주는데, 큰 교리를 세워 나가는데 결정적인 차이를 만들어낼 만큼 심각한 차이가 있는 것은 아닙니다. 이 사본에 따르면 예수님은 죽지 않았다, 저 사본에 따르면 믿음만이 아니라 행위로도 구원받는다, 이 사본에 따르면 기도해도 응답받지 못한다, 이런 식으로 달리 말할 수 있을 정도의 차이는 없다 그 말입니다. 우리 신앙의 근간이 되고 하나님이 누구이신가를 아는 데에 결정적인 역할을 하는 계시를 바꾸거나 흔들만한 차이는 사본에 없는 것입니다. 이것도 하나님의 섭리이고 감사할 일입니다.

주기도문의 끝 문장인 "나라와 권세와 영광이 아버지께 영원히 있사옵나이다"라는 말씀은 실제로 권위가 있는 중요한 사본으로 인정받는 사본에는 없습니다. 누가복음의 주님이 가르쳐주신 기도에도 없습니다. 고대 번역본이나 5세기 이후 후대에 가서 또 초대교회에서는 '디다케'라고 하는 문서에 있고 대개 후대에 들어가 있습니다. 그래서 많은 학자들이 이것은 예수님이 처음 말씀하실 때 가르쳐 주신 기도문이 아니고 나중에 사람들이 추가로 붙여 넣었다고 말하는 사람들도 있습니다. 주기도문을 해석하고 가르치는 어떤 학자들은 이 부분을 빼버리는 경우도 있습니다. 그러나 최종적으로 이 성경에 들어와 있듯이 이 마지막 송영이 주기도문에 붙어 있는 것이 잘못이거나 엉뚱한 것은 아닙니다. 오히려 기도의 흐름이나 문맥과 정신 그리고 당시의 기도의 관습에 비추어 보아도 지극히 당연하다고 생각할 수 있습니다.

송영의 정당성

주기도문이 이와 같은 송영으로 끝나는 것이 정당하고 자연스러운 것으로 보는 세 가지 견해가 있습니다. 첫째는 그 당시의 관습에 근거한 것입니다 그 당시에는 백성들이 하나님께 화답을 하곤 하였는데 그 화답의 내용이 이 송영과 같은 것이었습니다. "나라와 권세와 영광이 아버지께 영원히 있사옵나이다." 이런 것들이 많았습니다. 요한계시록 4장, 5장, 7장에도 이런 송영들이 등장합니다. "보좌에 앉으신 왕에게 또 그 왕의 어린양에게 찬송과 존귀, 영광을 돌릴지어다." 등등 이런 방식의 송영은 보편적으로 행해지던 것이었습니다. 이러한 송영의 기원은 역대상 29장의 다윗의 찬양입니다. 다윗이 성전 건축을 위한 예물을 모아놓고 하나님 앞에 찬양을 드리는 모습입니다.

> 여호와여 영원히 송축을 받으시옵소서. 여호와여 광대하심과 권능과 영광과 이김과 위엄이 다 주께 속하였사오니 천지에 있는 것이 다 주의 것이로소이다. 여호와여 주권도 주께 속하였사오니 주는 높으사 만유의 머리심이니이다. 부와 귀가 주께로 말미암고 또 주는 만유의 주재가 되사 손에 권세와 능력이 있사오니 모든 자를 크게 하심과 강하게 하심이 주의 손에 있나이다.(대상 29:11-12)

이것이 전통이 되어 유대인들은 기도할 때 주님을 찬양하는 것이 자연스러운 일이 되었다고 할 수 있습니다. 요한계시록에도 이십사 장로와 네 생물과 천사와 십사만사천의 흰 옷 입은 사람들이 주님께 돌리는 찬송의 내용이 이것입니다. 그러니까 당시의 자연스러운 현상을 따라서 주님이 가르치신 기도도 그 끝을 이렇게 송영으로 맺었을 것이라고 보는 것입니다. 주님께서 기도를 이렇게 하라 하고 가르치셨을 때 회중의 화답으로 이 마지막 단락이 자연스럽게 따라 다녔다고 보는 것입니다.

둘째 견해는 주님께서 이 기도를 가르치실 때 그 기도에 대해서 회중들의 화답이 뒤에 따라올 것을 예상하고, 이 화답의 부분을 포함하여 기도를 그렇게 가르치셨을 수 있다고 보는 것입니다. 마지막 세 번째는 송영이 붙는 것이 기도의 흐름에도 맞다는 것입니다. 주님이 기도를 가르쳐 주셨는데 그 기도가 시험과 악의 기도로 끝나버렸다면 어색하지 않습니까? 그러니까 기도 전체를 보아도 그리고 주님이 기도를 가르치시는 그 정신을 따라서 기도의 본질이라는 관점에서 보아도 이러한 송영을 마지막에 붙이는 것은 자연스러운 것으로 보는 것입니다. 그러므로 주님의 입으로부터 이 기도가 나왔느냐 그렇지 않았느냐와 상관없이, 모든 사본에 이 구절이 있는가 없는가와 상관없이 이 송영이 주기도문의 마지막 결론으로 붙어있는 것은 지극히 당연하고 자연스러운 일입니다. 그러므로 주님도 이것을 의도하시고 그렇게 가르치신 것이 분명하다고 생각하고 우리는 이 단락을 주기도문에 포함시켜 기도해야 합니다.

송영의 세 가지 내용

마지막 송영 부분인 "나라와 권세와 영광이 아버지께 영원히 있사옵니다" 하는 단락은 세 가지 내용을 담고 있습니다. "나라"는 하나님이 왕으로 다스리시는 하나님의 나라를 가리킵니다. 하나님의 주권 곧 통치권을 말하는 것입니다. 그리고 권세는 권위와 능력을 말합니다. 하나님이 그 나라를 다스리시고 유지하시고 그 백성들을 복되게 하실 권위와 능력을 일컫는 것입니다. "이 나라가 하나님께 있습니다"라는 말은 "하나님이 왕이십니다", "하나님이 주권을 가지고 있습니다"라는 선언입니다. 이것은 하나님이 그 주권을 가지고 있을 뿐만 아니라, 그 주권을 행할 수 있는 권능도 가지고 있다는 뜻입니다. 우리 같은 인간 아버지는 주권은 있는데 능력이 없는 경우가 많습니다. 그래서 아이에 대하여 법적으로 아버지로서의 친권이 있고 내 자식인 것은 확실한데 그러나 아버지로서 아들에게 무엇을 해주려고 할 때 능력이 없는 경우가 많습니다. 죽어가는 아들을 바라보면서 대신 죽어주고 싶은 사랑도 있고, 그럴 마음도 있는데 대신 죽음으로 해서 그 아들을 고칠 능력이 없습니다. 내 아이를 너무 사랑해서 무엇이든지 팔아서 해주고 싶지만 그럴 능력이 없습니다. 그런데 하늘에 계신 우리의 아버지는 그런 분이 아닙니다. 능력이 있고 권세가 있습니다. 그리고 그러한 주권과 권능이 자연스럽게 수반하는 것이 영광입니다. 영광이라는 말의 핵심은 "뛰어남"입니다. 그 본질과 속성의 차원이 다르다는 말입니다. 그러므로 이 마지막 송영은 사실상 "하나님의 나라와 주권과 권세와 능력과 뛰어나신 그 영광이 영원토록 하나님께 속해야 한다. 하나님께 그것이 속할 뿐만 아니라 하나님 자신이 이미 주권과 권능과 영광 자신이고 그 자체이고 그것이 영원하다"라고 고백하고 선언하는 것입니다. 하나님 자신이 주권이고 권능이고 영광이시며 그것이 영원하다! 그리고 나서 장엄한 아멘을 하면서 주기도문이 끝나고 있습니다.

주기도문의 모든 간구의 기본적인 성격

우리가 주기도문을 공부하면서 각 간구마다 그것이 세 가지 의미를 가진다는 사실을 이미 강조하였습니다. 각 간구의 기본적인 성격이기도

합니다. 첫째는 각 간구는 선포와 고백이라는 것입니다. 하나님은 거룩하시다. 하나님의 나라는 임하고야 만다. 하나님의 뜻은 이루어지고야 만다는 고백과 선포의 의미를 갖고 있습니다. 두 번째는 각 간구는 소원과 간구라는 것입니다. 예를 들어, 우리가 "나라가 임하옵시며" 하고 간구하는 것은 사실은, "하나님의 나라가 임하기를 소원합니다. 하나님의 통치권이 이 땅에서 이루어지는 하나님의 나라가 임하기를 저는 소원하고 있습니다" 하는 소원과 간구의 의미를 갖고 있는 것입니다. 마지막 세 번째는 각 간구는 서원과 결단이라는 것입니다. 말하자면, "나라가 임하옵시며" 하고 간구할 때 사실은 하나님의 나라가 임하게 하는 데에 내가 도구가 되고 그 수단이 되기로 서원하며 나는 그것을 위하여 살겠다는 결단을 표현하는 것입니다. 각 간구마다 이와 같이 삼중적인 의미가 있다는 것을 인식하고 그런 관점에서 우리가 주님이 가르쳐 주신 기도를 드리고 있는지 확인하는 것이 중요합니다.

그런데 이 마지막 단락의 송영도 마찬가지입니다. 하나님의 나라와 권세와 영광이 하나님에게 영원히 있다고 기도함으로써 우리는 첫째, 하나님은 그 주권과 권능과 영광이 영원하신 분이다 하는 고백과 선언을 합니다. 둘째, 하나님의 그 영원하신 나라와 그 주권과 권능과 영광이 영원하기를 소원하고 그것이 하나님께 돌려지기를 간구하는 것입니다. 그리고 셋째는, 나는 이 땅에서의 하루하루의 삶을, 내 인생을, 하나님의 나라 곧 하나님의 주권과 하나님의 권능과 하나님의 영광이 영원함을 드러내고 그것을 보이고 그것을 이 땅에 실현되게 하는 일을 위하여 살기로 작정합니다, 하는 서원과 결단입니다. 이렇게 놓고 보면 사실 주기도문은 단순히 기도문이거나 입으로 암송하는 기도 동작 정도가 아닙니다. 신자가 일상을 살아가는 정신이요, 행동 양식이요, 또 삶의 실천이라고 해야 합니다. 주님은 이 기도를 단순히 암송용이 아니라, 우리 신자들의 생활용으로 주신 것입니다.

주기도문의 구조에 함축된 의미

주기도문의 구조를 보면 참 의미 심장합니다. 세 부분으로 되어 있습니다. 처음에 하나님에 대한 인식과 간구로 시작해서 그 다음에 우리에 대한 간구가 있습니다. 그리고는 송영으로 끝이 납니다. 우리의 기도의 근거가 어디에 있고, 우리의 기도가 어디를 향하여 나아가야 될 것인가를 이 구조 자체가 말하고 있습니다. "우리의 아버지 하늘에 계신 분이시여"라는 하나님에 대한 인식과 하나님에 대한 고백으로부터 출발합니다. 그리고는 "하나님의 이름이 거룩히 여김을 받으며, 하나님의 나라가 임하며, 하나님의 뜻이 이 땅에서 이루어질 것"을 간구하는 것이 주기도문의 첫 단락입니다. 그리고 우리에 대한 간구가 그 다음에 따라옵니다. "일용할 양식을 주옵시며"라는 하루하루의 삶에 대한 간구에 이어 죄의 용서와 시험의 문제, 그리고 악의 문제를 해결해주시라는 간구가 이어집니다. 양식에 의한 생존의 문제, 죄 용서를 근간으로 한 다른 사람과의 사회생활의 문제, 죄와 시험과 악과 얽힌 영적인 삶의 문제로 이어지면서 결국 이 땅에서의 우리의 모든 삶에 대한 간구를 포함하고 있습니다. 나의 하루하루의 삶, 나의 사회 생활의 삶, 나의 영적인 삶, 이 모든 삶에 대하여 간구한 다음에 하나님의 나라와 권세와 영광의 현존과 영원함을 찬양하고 선포하는 송영이 이어집니다. 이렇게 함으로써 우리의 이 삶의 마지막 종착점이 어디인가, 우리의 이 삶이 어디를 향하여 가는가를 분명히 합니다. 하나님의 나라, 하나님의 권세, 곧 하나님의 주권과 능력과 영광을 향해서 간다는 것입니다. 결국 이 땅에서의 삶의 마지막 종착점은 하나님의 나라와 권능과 영광에 대한 영원한 선포로서의 삶입니다. 이것은 우리의 기도의 종착점은 어디인가, 우리의 기도의 마지막 말은 무엇이 되어야 하는가를 분명히 가르치고 있습니다. 우리가 기도하면서 나 자신과 나의 인생에 대해서 많은 것을 간구하지만 그 기도는 "하나님은 내 아버지이시다"라는 인식과 고백으로부터 시작했습니다. 그런데 나에 대하여 많은 것을 간구한 그 기도가 결국 무엇으로 마감하는가? 그 기도가 나의 하루 삶을 위한 간구든지, 사회 생활을 위한 간구든지, 나의 영적인 삶을 위한 간구이든지, 내가 아버지 앞에 내어놓는 모든 간구는 결국 어떤 기도로 마무리되어야 하는가? 하나님의 주권과 능력과 영광, 즉 하나님에 대한 영광송으로 그 기도를 마무리해야 한다는 것입니다. 이것을 우리 신자의 인생에 적용하여 해석하면, 우리의 신자의 마지막은 결국 어디를 종착점으로 가는가를 암시적으로 이 기도가 그 구조를 통해서 말해 주고 있습니다. 그것은 하나님의 주권과 능력과 영광에 대한 인정과 선포와 실천과 감격입니다.

신자의 간구를 하며 기억할 것 - "우리"

그리고 주기도문에서 우리가 기억해야 할 아주 중요한 사항 하나는 이 모든 것을 하나님과 나 사이의 일대일 개인으로서가 아니라 우리로서 간구하고 있다는 사실입니다. 주기도문은 불신자에게는 해당 사항이 없는 기도입니다. 이것은 믿는 자들의 기도요 신자들을 위한 기도입니다. 그래서 주님께서는 계속해서 "우리"로 말하고 있습니다. 우리는 교회 공동체로서 이 기도를 드리고 있고, 이 기도가 말하는 삶은 교회 공동체로서 우리가 같이 살아가야 할 삶이라고 말하는 것입니다. 동시에 공동체로서 "우리"가 결국 내어 놓아야 할 마지막 기도는 하나님의 주권과 권세와 영광을 인정하고 고백하는 것이라고 말하는 것입니다. 이것을 확대하여 적용하면, 우리의 인생이 그곳을 향해서 가는 인생이어야 하고, 우리의 인생의 마지막 순간의 기도도, 우리 인생의 마지막 순간에 확인하는 현장도 그것이어야 한다는 의미이기도 합니다. 하나님의 나라와 권세와 영광을 인정하고 고백하고 찬송하는 기도, 그리고 그것이 확인되는 현실! 그것은 우리 신자들 그리고 신앙 공동체의 더할 나위 없는 복이고 영광입니다.

주님을 신실하게 사랑하고 사모하며 살다가 세상을 떠나는 신자들이 마지막 순간에는 어떻게 그렇게 평안하게 잠들 수 있는가를 한동안 궁금해 한 적이 있었습니다. 그 많은 고통을 당하고 괴로워했던 사람이 죽는 순간에 어떻게 그렇게 평안한 모습으로 죽을 수 있습니까? 기왕 죽는 것 얌전하게 죽자 하고 결심해서 그럴까요? 사람이 죽을 때는 누구나 죽음의 문에 들어가기 전 그 어느 순간에 자기가 지금 이 순간이 지나면 어디로 가는가, 무엇이 자기를 기다리고 있는가를 분명히 확인하는 순간이 있다고 생각합니다. 제가 죽어 봐야 알겠지만, 그러나 죽어 보지 않았어도 저는 확신합니다. 사람의 임종을 여러 번 본 신자는 그렇게 말할 수밖에 없습니다. 저는 생각하기를 그렇게 평안한 모습으로 죽음을 맞는 이분들이야말로 인생의 마지막 그 순간에 이 마지막 기도를 하고 있을 것이란 생각을 하게 되었습니다. 그렇게 입버릇처럼 해왔던 주기도문의 그 대목 "나라와 권세와 영광이 아버지께 영원히" 있는 현장을 목격하고 있다고 생각하게 되었습니다. "아버지 당신은 주권과 권능과 영광이 영원하신 분입니다" 하고 입버릇처럼 평생 해왔던 그 기도가 이제 정말 현실로 나타나고 있으며 자기 자신이 그 현장의 인물이 되어 그곳으로 가고 있다는 것을 그분들은 틀림없이 그 순간에 현실로 확인하고 있다고 저는 믿습니다. 그의 나라와 권세와 영광이 영원하신 당사자이신 아버지 하나님을 만나는 그 현장에 들어가고 있다는 것을 확인하면서 이제는 그의 입술이 아니라, 그의 영혼이 그 찬송을 부르는 것이라고 생각하게 되었습니다. 그러기에 조금 전까지도 암세포의 고통 때문에 그렇게 괴로워하던 그분이 그렇게 평안하고 환한 모습으로 변하여 숨을 거둘 수 있는 것이라고 확신하게 되었습니다.

저는 이 신실한 신자들이 마지막 순간에 내어놓는 그 인생의 마지막 결론, 그리고 그 기도의 마지막 한 마디가 바로 이것일 것이라고 생각합니다. "아버지여, 당신의 주권과 당신의 나라와 권세와 영광이 과연 영원합니다." 여러분 기도의 마지막 말을 무슨 말로 마무리하고 싶으십니까? 여러분 인생의 마지막 말을 무엇으로 마감하고 싶으십니까? 그리고 인생의 마지막 순간에 무엇을 확인하고 싶으십니까? 주기도문의 구조 자체가 우리의 기도가 끝맺음할 마지막 말이 무엇인가를 암시하고 있습니다. 우리의 인생이 어디를 향하여 나아가야 할 것인가를 암시하고 있습니다. 그것은 하늘에 계신 우리 아버지의 나라와 그의 권세와 그의 영광을 고백하고, 선포하고, 찬송하고, 그리고 그 현장으로 들어가는 것입니다. 영원한 나라와 권능과 영광이 하늘에 계신 우리 아버지이신 하나님께 영원히 있습니다.

묵상을 위한 질문

1 하나님의 나라와 권세와 영광은 구체적으로 무엇을 말하는 것입니까?

2 주기도문의 마지막이 하나님의 나라와 권세와 영광에 대한 장엄한 송영으로 끝나는 것이 우리의 기도에 대하여 그리고 나아가서 우리의 인생에 대하여 주는 의미가 무엇입니까?

3 "하늘에 계신 우리 아버지여"라는 말로 시작한 주기도문의 구조가 하나님에 대한 간구와 우리를 위한 간구 그리고 장엄한 송영으로 되어 있다는 사실 자체가 암시하는 메시지는 무엇입니까?

신자의 간구

12

아멘

-
-
-

12 아멘 찬송과 영광과 지혜와 감사와 존귀와 권능과 힘이 우리
 하나님께 세세토록 있을지어다 아멘

요한계시록 7:12

아멘의 의미

주기도문을 마치는 마지막 말은 "아멘"입니다. 아멘이란 말은 만국 공통어가 된 듯합니다. 어디를 가든지 이 말이 다 통합니다. 어떤 이들은 설교를 들으면서도 수시로 "아멘" 하며 반응을 합니다. 축복과 기도가 끝나면 모든 사람이 아멘 합니다. 많은 분들은 다른 사람의 기도를 들으면서 기도 중간에도 아멘을 합니다. 아멘이라는 말에는 여러 가지 뜻이 있습니다. 우리가 지금 주께 구하는 그것이 확실하게 이루어질 줄 믿습니다, 하는 기도 응답에 대한 확인과 고백입니다. 우리가 기도한 대로 이루어질 줄 믿습니다, 하는 의미입니다. 그런가 하면 또 다른 뜻이 있습니다. "나도 그렇게 생각합니다." "그 말은 과연 옳습니다" 하고 동의할 때 아멘이라고 합니다. "반드시 그렇습니다" 하고 인정하는 의미입니다. 그런가 하면 우리가 흔히 알고 있듯이 "진실로", "참으로" 하고 그것이 진실임을 강조하는 의미를 갖기도 합니다. 느헤미야 8장에는 아주 감동적인 장면이 나타납니다. 포로에서 돌아온 이스라엘 백성이 성벽 재건을 마치고 말귀를 알아들을 수 있는 모든 이스라엘 족속이 광장에 모여 학사 에스라에게 여호와께서 명하신 모세의 율법 책을 가져올 것을 요청합니다. 학사 에스라는 특별히 만든 나무 강단에 서서 새벽부터 정오까지 여호와의 말씀을 낭독합니다. 그리고 이스라엘 백성은 귀를 기울여 그 말씀을 듣습니다. 에스라가 모든 백성 위에 서서 그들 앞에서 책을 펴니 그때 모든 백성이 일어섭니다. 그리고 에스라가 하나님의 위대하심을 송축하니까 모두 손을 들고 아멘 아멘 하며 응답을 합니다. 그것이 느헤미야 8장 6절입니다. "에스라가 위대하신 하나님 여호와를 송축하매 모든 백성이 손을 들고 아멘 아멘 하고 응답하고 몸을 굽혀 얼굴을 땅에 대고 여호와께 경배하니라." 백성들이 에스라의 송축에 아멘 아멘 하고 응답한 것은 그들도 하나님은 위대하시고 광대하시다는 사실에 전적으로 동감하며 하나님을 경배한다는 표현이었습니다. 사실 그들이 손을 들고, 아멘 아멘 하고, 몸을 굽혀 얼굴을 땅에 대고 엎드린 것은 하나님은 광대하시며, 자기들도 에스라의 말과 같이 하나님을 경배한다는 것을 삼중적으로 표현한 것이었습니다. 그런가 하면 신명기 27장 14절은 백성이 아멘으로 화답할 것을 명령합니다.

> 레위 사람은 큰 소리로 이스라엘 모든 사람에게 말하여 이르기를 장색의 손으로 조각하였거나 부어 만든 우상은 여호와께 가증하니 그것을 만들어 은밀히 세우는 자는 저주를 받을 것이라 할 것이요 모든 백성은 응답하여 아멘 할지니라.(신 27:14)

모든 백성이 레위 사람들이 하는 말에 대하여 아멘이라고 응답하라고 명령합니다. 레위 사람들이 하는 말은 그 앞에 있는 대로입니다. "사람이 손으로 조각하여 만들었거나 녹여 부어서 만들었거나 사람의 손으로 만든 우상은 여호와 하나님 앞에 가증한 것이다. 그리고 그것을 은밀히 세우는 사람은 저주를 받을 것이다." 레위 사람들은 모든 이스라엘 사람들에게 그렇게 선포하고 그 말을 들은 모든 이스라엘 사람들은 "아멘" 하고 응답을 하라는 것입니다. 이 경우의 아멘은, "맞다! 우리도 그렇게 생각한다! 우리도 그것을 그대로 받아들인다" 하는 말입니다. 여기에는 두 가지 의미가 있습니다. 하나는 그것이 사실이라는 것을 인정하는 것입니다. 그리고 동시에 나도 거기에 해당되면 나도 그렇게 될 것이다, 라고 그것을 수용하는 것입니다. "옳소" 하는 의미로 아멘 하라고 하시는 것입니다. 그것이 맞다고 객관적으로 선언할 뿐만 아니라, 그 옳은 것을 내가 하지 않으면 나도 그 저주를 받겠습니다, 하는 표현입니다.

그런가 하면 이 아멘을 엉뚱하게 잘못 사용하는 경우도 있습니다. 오늘날 교회 현장에서는 헌신과 충성을 결단하는 표시로 아멘을 사용하는 경우도 있습니다. 부흥사 목사님들이 옛날부터 교인들에게 무엇인가를 강하게 요구할 때 아멘을 요구하는 경우가 많았습니다. 어떤 경우에는 개인들을 지목하여 "땅을 팔아서 하나님께 드리시오. 그러면 하나님께서 열 배 축복해 주실 것이요. 아멘 하시오!" 하는 식으로 아멘을 강요하기도 하였습니다. 어느 교회 교인이 그 문제로 찾아와 상담을 한 적이 있습니다. 부흥사 목사님이 그러라고 해서 당시에는 뜨거운 마음에 아멘 했는데 집에 와서 생각해 보니 이게 큰일이 난 것입니다. 부부가 이혼을 할 만한 큰 문제라는 것입니다. 그런데 아멘 했기 때문에 안 하면 저주를 받을 것 같고, 어떻게 하면 좋겠냐고 물어왔습니다. 저는 "그런 아멘은 취소해도 하나님이 받아주십니다"라고 하며 안심시켜 보내드렸습니다.

시편 106편 48절은 이렇게 말씀합니다. "여호와 이스라엘의 하나님을 영원부터 영원까지 찬양할지어다. 모든 백성들아 아멘 할지어다 할렐루야." 앞의 선포에 대하여 모든 백성은 아멘 하라는 말씀입니다. 이 경우의 아멘은 "내가 여호와 하나님을 찬양하겠습니다" 하고 말하고 그 말대로 헌신하고 충성하겠다는 결단을 표현하고 고백하는 것입니다. 이렇게 아멘 해놓고는, 하나님이 내 기도를 안 들어 주셨으니까 찬양 안 하겠다고 할 수 없다는 것이지요. 이경우는 결단하고 헌신하고 충성하는 서원에 가까운 아멘입니다.

진심의 표현

많은 사람들, 특히 부흥사들이 그렇게 말하죠. "아멘의 사람이 되어야 복을 받는다. 아멘의 사람이 되라." 무슨 말을 하든지 무조건 "아멘 아멘" 하라는 것입니다. 이 말은 무슨 말을 하든지 순종하고 충성하라는 말이지요. 그래야지요. 그래야 복을 받지요. 그러나 문제는 하나님의 말씀과 하나님의 뜻에 어긋나는 것을 내세워서 아멘 하라고 하니까 문제가 될 때가 있지요. 그러니까 아멘 할 때는 잘 생각해 보고 해야 합니다. 더구나 내가 내 인생을 바치고 헌신하고 충성해서 그 말씀대로 하겠습니다는 뜻으로 아멘을 할 때는 깊이 생각하고 아멘을 하고, 그리고는 그대로 살려는 결단을 해야 한다는 말입니다. 아멘은 깊은 생각 없이 나무아미타불 하는 것과는 다른 것입니다. 우리가 하나님 앞에서 아멘 할 때는 많이 할수록 복 받는 줄 알고 횡설수설하는 것이 아닙니다. 아멘이라는 말을 할 때나 해야 할 상황이 올 때는 정신을 바짝 차리고 해야지 입버릇처럼 의미도 없고 마음도 없이 습관적으로 할 일이 아닙니다.

여러분 많이 경험하시지 않습니까? 여러분 자신은 아멘을 많이 하는 사람이 아닌데 어느 때는 기도를 하다가 자기도 모르게 아멘을 하게 되고, 어느 때는 찬양하다가 아멘 하면서 그 내용이 마음으로 고백되는 때가 있습니다. 어느 때는 말씀을 듣다가 나도 모르게 아멘을 고백하는 때가 있지 않습니까? 또 어떤 경우에는 대표로 기도하는 다른 사람의 기도를 듣다가도 아멘 하지 않습니까? "옳습니다. 나도 그 말에 동의합니다. 나도 그렇게 살기를 원합니다." 이렇게 공감하고 아멘 할 때가 있습니다. 그런가 하면 습관적으로 아멘을 할 때도 있습니다. 저 같은 경우는 여러 교회에 다니면서 설교를 하다 보면 어느 교회는 교인들이 훈련이 잘되어서 말만 떨어지면 즉각 즉각 아멘을 하기도 합니다. 처음에는 은혜가 되고 힘이 되는데 나중에는 그게 그냥 습관일 뿐이라는 것을 알게 되지요. 무슨 말을 하든지 반응은 "아멘"입니다. 그래서 나중에는 "너희들 다 나가 죽어라" 한번 그래보고 싶었습니다. 그래도 아멘 하는지…. 그러니까 설교자가 무슨 말을 하는지 깊이 듣지 않아요. 설교 말씀을 충분히 이해하고 공감하며 따라오면서 아멘 하는 것이 아닙니다. 그냥 나름대로 어떤 리듬이 있더라고요. 말이 끝나면 아멘, 말을 쉬어도 아멘 하는 것입니다. 서울의 모 교회에서 설교할 때였습니다. 어떤 나이 드신 분이 맨 앞에 앉아서 말 시작도 안 했는데 아멘을 합니다. 말을 하다가 숨을 좀 쉬기 위해서 잠깐 쉬는 순간인데도 말이 끝난 줄 알고 아멘을 합니다. 혼자서 계속 아멘 하는 것입니다. 그러니까 설교의 진행에 김이 빠지고, 설교가 안 됩니다. 다른 교인들은 그냥 가만히 있습니다. 나중에 알고 보니 이 사람은 정신이 이상해서 예배 때마다 아멘을 쏟아내면서 사실은 설교를 방해하는 사람이었습니다. 제가 말씀드리려고 하는 것은 아멘이라는 말을 얼마나 많이 하느냐, 얼마나 크게 하느냐, 얼마나 반복적으로 하느냐 그것이 중요한 것이 아니고 아멘이라는 말을 할 때에 정말 그 말이 담고 있는 의미를 알고 내 중심으로부터 하느냐 그것이 중요하다는 것입니다.

성경은 여러 곳에서 아멘이란 말을 하고 있지요. 주님은 특별한 말씀을 하실 때, 주님의 말씀을 듣는 사람들에게 경각심을 불러일으킬 때, 또 경고를 하거나 주의를 집중시키려고 하실 때 이 아멘이라는 단어를 반복적으로 사용하셨습니다. "내가 진실로 진실로 네게 이르노니." 진실로 진실로, 라고 번역한 그 단어가 바로 아멘 아멘입니다. 아멘이라는 말은 요한계시록에서는 예수님의 이름 가운데 하나이기도 합니다. 요한 계시록 3장 14절에 보면 라오디게아 교회에 보내는 편지가 있습니다. 이 편지에서 라오디게아 교회에게 주님이 누구이신가를 말씀하시면서 "아멘이시요 충성되고 참된 증인이시요"라고 합니다. 예수님의 이름을 아멘이라고 소개합니다. 여기서 아멘은 편지를 보내시는 그리스도의 권위나 권세, 그리고 그가 하시는 말씀의 확실성과 준엄함을 드러내기 위하여 사용된 칭호입니다.

요한계시록 5장에서는 놀라운 장면을 볼 수 있습니다. 보좌에 앉으신 분이 오른손에 책을 가지고 있습니다. 책의 안팎으로 가득히 글이 씌어 있는데 일곱 인으로 봉해져 있어서 열 수도 없고 펼 수도 없고 읽을 수도 없습니다. 그러니까 한 천사가 크게 외칩니다. "누가 이것을 열고 펼치고 읽어 줄 수 있겠느냐?" 그 말을 들은 사도 요한이 큰 기대를 가지고 기다립니다. 누군가 그 책의 인봉을 떼어내어 책을 펴고 그렇게 가득히 쓴 글의 내용이 무엇인지 알려주기를 잔뜩 기대하며 기다리는 것이지요. 그런데 아무리 기다려도 그 책을 펴서 읽어 줄 사람이 나타나지 않고, 결국 그 일을 해줄 사람은 없다는 것을 확인하게 됩니다. 그러자 사도 요한은 통곡을 합니다. 4절입니다. "이 책을 펴거나 보거나 하기에 합당한 자가 보이지 않기로 내가 크게 울었더니..." 말씀이 깨달아지지 않고 오히려 말씀이 내 앞에서 봉인이 된 것처럼 닫혀있다는 생각이 들 때 얼마나 답답합니까? 그러나 말씀이 깨달아 지고 귀에 들어오기 시작하면 얼마나 큰 감격이 있는지 모릅니다. 그런데 장로가 일어나서 요한에게 말을 합니다. "울지 말라 이 말씀을 열어줄 이가 있다." 그러면서 어린양 예수를 소개하는 것입니다. 어린양 예수께서 그 말씀을 열어 준다는 말이지요. 그리고 벌어지는 일들입니다. 찬양이 오고갑니다. 8절에 보면 "네 생물과 이십사 장로들이 어린양 앞에 엎드려 각각 거문고와 향이 가득한 금 대접을 가졌으니 이 향은 성도의 기도들이라." 9절에 보면 이들이 새 노래를 했다고 합니다. 11절에 보니까 그 노래를 듣고 많은 천사들이 큰 음성으로 화답송을 합니다. 그 노래 소리를 듣고 하늘 위에와 땅 위에와 땅 아래와 바다 위에와 모든 피조물이 찬양을 합니다. 뭐라고 하는 줄 아십니까? 그게 13절입니다. "보좌에 앉으신 이와 어린양에게 찬송과 존귀와 영광과 능력을 세세토록 돌리지어다" 하고 찬양을 합니다. 그러자 어떻게 합니까? 14절에 보면 "네 생물이 가로되 아멘 하고 장로들은 엎드려 경배하더라." 가장 감동적이고 위엄이 있는 모습으로 아멘이 드려지는 장면 가운데 하나일 것입니다. 우리도 천국에 가면 이 모든 장면들을 볼 것입니다. 아니, 우리가 그렇게 할 것입니다.

고백과 선언과 결단

주기도문을 마치면서 우리가 함께 고백하는 이 아멘은 특별한 의미를 담고 있습니다. 그것은 '우리는 공동체로서 함께 이 기도를 드립니다. 우리가 공동체로서 함께 주 앞에 드린 이 기도는 확실히 그대로 이루어질 것이며, 우리는 거기에 동의하고 또 이 기도가 그대로 되도록 우리가 충성하고 헌신하겠습니다' 하는 결단과 헌신의 표현입니다. 그러므로 주님께서 가르쳐 주신 이 기도를 마치면서 우리는 아멘을 크게 해야 합니다. 그렇게 아멘을 할 때마다 우리는 지금 드린 이 기도는 나 혼자만의 기도가 아니라, 이 신앙 공동체의 기도라는 사실을 선포하는 것입니다. 그리고 우리가 드린 기도를 그대로 우리가 이루어 갈 것을 결단하고, 헌신과 충성을 고백하는 것입니다.

우리가 이 기도를 마치며 진심을 다하여 큰소리로 모두 함께 아멘을 외칠 때마다 사실 우리는 이렇게 고백하고 선언하는 것입니다. "과연 그렇습니다. 하나님은 하늘에 계신 우리 아버지이십니다. 하나님의 이름은 거룩하며, 반드시 거룩히 여김을 받아야 합니다. 하나님의 나라는 이 땅에 임하고, 하나님의 뜻이 이루어져야 합니다. 아버지께서 우리가 이 땅에서 사는데 필요한 양식을 공급하시며, 우리의 죄와 시험의 문제를 해결하시는 분이 아버지이시며, 우리를 악에서 건지시는 분이 아버지이십니다. 하나님의 나라와 권세와 영광이 영원토록 하나님께 돌려져야 합니다." 이것이 우리가 공동체로서 하나님 아버지께 드리는 고백이고, 세상을 향한 선언이고, 우리 자신을 향한 결단입니다. 자동으로 입에서 나오는 언어 습관이 아니라, 마음을 쏟아내는 진지함과 중심에서 나오는 고백과 의지의 결단으로서 드려지는 아멘이 되어야 합니다.

이렇게 보면 결국 우리의 아멘은 단순히 말의 문제나 특정 단어의 언급과 관련된 문제가 아니라, 바로 우리의 삶과 행동과 관련된 문제라는 결론에 이르게 됩니다. 우리가 아멘이라고 당당하게 말할 수 있는 것은 놀라운 은혜요 복이며 동시에 특권이고 영광입니다.

묵상을 위한 질문

1 "아멘"에는 어떤 의미들이 들어 있습니까?

2 아멘을 잘못 사용하는 실제 경우들로는 어떤 경우들이 있습니까?

3 "아멘"으로 주님이 가르쳐 주신 기도를 마칠 때마다 우리가 깊이 생각하고 확인해야 할 것은 무엇입니까?